초등놀이토론

놀이로 배우는 토론
초등놀이토론

초판 1쇄 발행 _ 2024년 2월 1일

지은이 _ 이인희 외 9명 저자
기　획 _ 강규형
펴낸이 _ 유경희
마케팅 _ 조재희
편집/디자인/제작 _ 디자인캠프
펴낸곳 _ 애플씨드북스

출판등록 _ 2017년 11월 14일 제 2017-000131호
주　소 _ 서울특별시 송파구 법원로 127 408호(문정동)
전　화 _ 070-4870-3000　**팩　스 _** 02-597-4795　**이메일 _** ryu4111@nate.com
인스타그램 _ @appleseed_books

ISBN _ 979-11-969215-9-0 13370

책값은 뒤표지에 있습니다.

애플씨드 북스 소개

사과 속의 씨는 누구나 볼 수 있지만 씨 속의 사과는 아무나 볼 수 없습니다.
애플씨드북스는 미국 전역에 사과씨를 심으며 개척과 희망의 상징이 된 쟈니 애플씨드를 모티브로
탄생하였습니다. 책으로 세상에 선한 영향력을 심겠습니다.

" 놀이로 배우는 토론 초등 놀이토론 "

대구독서인문지원단 초등토론팀

이인희 ● 강민정 ● 김귀덕 ● 김성기 ● 김주호
류창진 ● 배혜선 ● 이현아 ● 정성윤 ● 채원곤

애플씨드북스

> 프롤로그

놀이토론이 온다

아이에게 학교는 어떤 곳이어야 할까요?
친구와 우정을 나누고 협력하는 곳.
배운 것을 토의, 토론하고 적용하는 놀이터가 되면 좋겠습니다.

코로나가 시작되고 온라인 수업을 하면서, 아이들이 일주일에 한두 번 학교에 올 때입니다. 아이들은 학교에 와서 마스크를 끼고 서로 이야기를 나누기가 힘들었습니다. 책상을 띄우고 친구끼리 1m 거리를 두고 앉아 있어야 했고, 선생님은 혼자 말해야 했습니다. 친구끼리 이야기하지 못하는 답답한 상황이 이어졌습니다.

규칙을 어기지 않는 선에서 토론수업을 시도해보기로 했습니다. 아이들에게 거리는 유지한 채로 짝을 향해 몸을 돌리게 하였습니다. 마스크를 끼고 1m 거리는 유지한 채 상대에게 토의 주제를 주고 대화를 시도했습니다. 잘 들리지 않는다는 아이도 있었지만, 아이들 표정은 살아났고, 교실분위기는 따뜻해졌습니다. 이 상황을 통해 느낀 것은 우리가 생각하는 이상으로 토론수업이 아이들 삶에 중요하다는 것입니다.

토론은 사회를 살아가는데 중요한 요소입니다. 누군가의 이야기를 편견 없이 듣고, 내 이야기를 논리적으로 말 할 수 있다면 세상을 살아가는데 수월해집니다. 이런 상황을 알기에 학교에서 토론교육을 강화하기 위한 노력은 지금도 계속되고 있습니다.

2010년 대구에서 학생들의 토론 능력을 향상하기 위한 TF팀이 만들어졌습니다. 학생과 선생님을 위한 인문학 자료집을 만들고 인문학 서당도 만들었습니다. 이후 토론문화를 정착시키기 위해 여러 사업에 참여했던 선생님을 모아 대구 독서인문교육지원단을 만들었습니다. 독서 인문교육지원단은 책 읽기 팀, 토론 팀, 책 쓰기 팀으로 나누어져 초중고등학교의 학생, 교사, 학부모와 토론문화를 만들었습니다.

학교에 토론 문화가 퍼지면서 2012년 경북고등학교에서 삼백 명의 학부모, 초중고등학생, 선생님이 원탁에 모여 "우리 시대의 가족을 말하다"란 주제로 토론하였습니다. 2013년 사제동행 디베이트 한마당이 개최되어 선생님과 학생들이 함께 토론하였습니다. 이런 토론을 통해 나와 다른 관점에 있는 학생, 교사, 학부모 생각을 공감하는 시간이 만들어졌습니다.

이번에 나오는 초등놀이토론 책은 대구독서인문교육지원단 초등토론팀이 만들었습니다. 이 책은 1장 놀이토론과 만나다, 2장 놀이토론과 어울리다 3장 놀이토론과 자라다 총 3장으로 구성되었습니다.

1장 놀이 토론과 만나다 에서는 토론의 기초와 논리를 다집니다. 다지는 과정을 재미있는 놀이 활동으로 진행합니다. 2장 놀이토론과 어울리다 에서는 초등학생들이 많이 하고 좋아하는 토론 방법을 설명합니다. 3장 놀이토론과 자라다 에서는 그림책 토론, 동화책 토론, 디베이트 어울 토론하는 방법을 자세하게 설명합니다. 책에 나온 1장에서 3장까지 순서대로 따라하다 보면 아이들이 토론으로 성장하는 과정을 경험하실 수 있을 것입니다.

이 책을 지은 초등토론팀은 토론을 사랑하는 선생님들의 자발적 모임입니다. 우리는 아이들이 쉽게 토론을 접하도록 놀이로 하는 토론에 관심을 계속 가졌습니다. 그래서 초등토론팀이 《놀이토론이 온다》란 장학자료집을 만들게 되었고, 많은 분이 관심을 보여주셨습니다. 토론에 놀이 요소를 담아 초등학생이 재미있어했기 때문입니다.

놀이토론이란 놀이로 배우는 토론을 말합니다. 아이들이 자발적으로 참여해서 스스로 몰입하는 토론입니다. 이를 위해 우리들은 아이들이 좋아하는 토론 주제를 고민하였고, 때로는 경쟁하지만 서로 협력하며 즐겁게 참여하는 놀이 요소를 토론에 담았습니다. 그런 노력 덕분에 초등토론팀이 선생님께 놀이토론 연수를 하는 기회도 가졌습니다. 본리도서관, 범어 도서관에서 초등, 중등 토론 심사를 맡기도 하였고, 초등학생을 대상으로 여러 해에 걸쳐 몇 달간 놀이토론수업도 진행하고 있습니다.

이 책은 초등토론팀이 오랫동안 고민하고 각자 교실에서 적용한 놀이를 담은 토론책입니다. 초등학생에게 행복한 토론수업을 하고자 하는 분이 쉽게 따라 하도록 썼습니다. 책 속에는 아이들과 놀며 토론하면서 느꼈던 기쁨이 녹아있습니다. 이 책을 읽고 계시는 분도 그 기쁨을 함께 느끼면 좋겠습니다.

이 책을 출판할 환경을 만들어 주신 대구시교육청에 감사드립니다. 책을 출간해 주신 애플씨드북스 유경희 대표님께 감사드립니다. 마지막으로 대구독서인문지원단 초등토론팀과 연결된 모든 분께 감사를 전합니다.

대구독서인문지원단 초등토론팀 올림

프롤로그
놀이토론이 온다   4

PART 1

놀이토론과 만나다

토론 준비운동하기

01	1인칭 소개하기	13
02	문장 기차 놀이	20
03	내 마음이 들리니?	28
04	밸런스 게임	35
05	포토스탠딩 토론	42
06	생각을 꺼내는 발상 놀이	49

토론 몸풀기

07	짜장면 대 짬뽕	57
08	떡볶이의 짝꿍은?	65
09	동서남북 토론 놀이	72
10	말꼬리 잡기 놀이	80
11	주장의 빈틈을 찾아라	88
12	과자 순위 정하기	96
13	가치 경매 놀이	103
14	희망 직업 추측하기	113
15	화성에서 인류를 구하라	122

놀이토론과 어울리다

16	회전목마 토론	132
17	둘 가고 둘 남기 토론	139
18	신호등 토론	147
19	모서리 토론	154
20	피라미드 토론	161
21	만장일치 토론	169

놀이토론과 자라다

독서 토론

22	나무는 변신쟁이	179
23	커다란 종이 한 장	187
24	엄마소리가 말했어	195
25	마음이 쿵 떨어진 날	203
26	꼴뚜기	212
27	꽃들에게 희망을	218

찬반대립 토론

28	토론 ABC	227
29	논제 분석 3종 놀이	234
30	어울 토론	241

PART 1

놀이토론과 만나다

토론 준비운동하기

01 1인칭 소개하기

《1인칭 소개하기》는 자신을 다른 대상으로 소개하는 놀이입니다. '1인칭'이라는 개념 이해가 어려운 저학년의 경우에는 《나는, 너야》의 놀이 명칭을 사용할 수 있습니다. 주변에서 다양한 단어를 찾아 낱말 카드로 만듭니다. 모아진 낱말 카드에서 자신이 뽑은 카드는 곧 자신이 됩니다. 자신이 뽑은 카드를 보여주며 3개의 문장으로 짝에게 소개합니다.

나와 짝의 소개가 끝나면 카드를 바꾸고 다른 친구를 만나러 갑니다. 5명의 친구를 만나 소개를 하는 동안 5번의 새로운 나를 만나게 되는 거지요. 새로운 자신을 소개하는 동안 아이들의 생각은 깊어지고 다양해집니다. 소개하면서 대상의 자랑거리나 긍정적인 부분을 소개하면 자신도 모르게 대상에 대한 애정도 자랍니다.

《1인칭 소개하기》를 통해 아이들은 친구와 많은 말을 합니다. 말하기는 자신의 생각을 다른 사람들에게 전달하는 중요한 수단 중 하나입니다. 내가 다양한 낱말로 변신하는 동안 아이들의 말하기는 점점 자신감을 가지게 됩니다. 아이가 자신이 뽑은 단어에서 긍정적인 부분을 찾아 말하면 아이 삶도 긍정적으로 변화될 것입니다.

수업 속으로

토론 놀이 시간인데 국어 활동책을 준비하라니 아이들이 실망합니다.
"선생님, 놀이한다고 했잖아요"
"그래! 놀이할 거야."
책상에 책을 툭툭 던지듯 올려놓던 아이들이 이제야 눈을 맞춥니다.
"국어 활동책에는 많은 낱말들이 숨어 있어요. 책에서 여러 가지 낱말을 찾아 낱말 카드에 기록해 봅시다."
놀이 수업에는 특별한 자료가 필요하지 않습니다. 국어 활동책에는 읽을거리가 있고, 글씨 쓰기 부록에는 다양한 낱말이 있습니다. 한글 쓰기가 서툰 1학년에게 국어 활동책은 좋은 자료가 됩니다.
"도서관에서 빌려온 책에서 찾아도 돼요?"
"선생님, 책을 안 보고 생각나는 걸 적어도 돼요?"
아이들은 자신이 원하는 자료와 방법으로 낱말을 모읍니다. 도서관에서 빌려온 책을 뒤적거리기도 하고 필통이나 공책에 있는 캐릭터 이름을 쓰기도 합니다.
"사람 이름 적어도 돼요?"
"누구 이름을 적고 싶은데?"
"우리 아빠 이름요."
놀이 규칙이 자세하지 않으면 문제가 생기기도 합니다. 그럴 때는 아이들끼리 의논하거나 선생님과 생각을 모아 규칙을 세울 수 있습니다.
"야! 우리가 네 아빠를 어떻게 알아. 그런 거 적으면 반칙이지."
제가 대답하기도 전에 아이들은 안 된다고 합니다. 낱말 카드에 이름을 쓸 경우에는 모두가 아는 사람이어야 한다는 규칙이 만들어졌습니다. 아이들이 새로운 규칙을 기억하도록 칠판에 기록합니다.

아이들은 자기가 좋아하는 낱말과 친구들이 좋아할 만한 낱말이 무엇인지 생각합니다. 한 사람이 4개의 낱말 카드를 만드니 생각 주머니에는 여러 가지 낱말이 가득합니다.

피자, 독수리, 개미, 뺨, 어몽어스, 국어활동, 지구, 나무, 똥, 나팔꽃, 따뜻한 달걀, 호랑이, 손흥민, 아침, 파리, 사물함, 코끼리, 솜사탕….

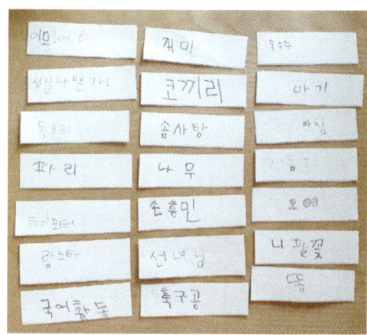

"같은 낱말을 기록한 친구가 있으면 어떡해요?"
"같은 낱말카드라도 소개 내용은 다를 수 있지 않을까?"
아이들이 고개를 끄덕입니다. 이제 본격적으로《1인칭 소개하기》놀이가 시작됩니다.
"자기가 뽑은 낱말이 바로 자신이 됩니다."
아이들은 진지한 표정으로 생각주머니 속에서 낱말 카드 하나를 뽑습니다. 다양한 감탄사가 들립니다.
"헐, 나는 똥이다."
아이들 중 누군가는 기록했을 것이라 예상한 낱말입니다.

"짝을 만나 '나는 (   )입니다.'라고 낱말 카드를 보여주며 자신이 누구인지 알려줍니다. 그리고 3개의 문장으로 자신을 소개합니다. 소개하는 문장은 자랑거리가 들어가면 좋겠지요. 나와 짝의 소개가 끝나면 카드를 서로 바꾸고 다른 짝을 찾아갑니다."

놀이가 시작되기 전 놀이 방법을 다시 설명하였습니다. 똥이 된 친구는 계속 똥이 되지 않아도 된다는 것에 안심합니다. 아이들이 소개 내용을 생각하는 동안 선생님은 칠판에 놀이 순서를 기록합니다. 자신감이 부족하여 말하기가 힘든 친구가 있습니다. 3개의 문장으로 소개할 내용을 정리하는데 많은 시간이 필요한 친구도 있습니다. 모둠 친구나 선생님의 도움을 받으면 됩니다.

소개하기가 끝나면 카드를 바꿉니다. 새로운 짝의 카드를 가진다는 것은 짝이 소개한 문장도 함께 가지고 오는 것입니다. 2번째 낱말 카드부터는 친구가 말한 내용을 기억해서 말하는 장점이 있습니다.
"아침은 뭐라고 소개하죠?"
근심이 가득한 얼굴입니다. 모둠 친구들이 도와주지 못했는지 선생님 찬스를 씁니다. '아침'이라는 낱말을 보니 어려울 수 있겠다 싶었습니다.
"아침을 어떻게 알 수 있지?"
아이가 스스로 알도록 다시 질문하였습니다.
"해가 떠서 밝아지면 아침인데요."
"밝은 아침에 가족들은 어떤 일을 하니?"
"나는 학교에 가고, 엄마는 회사 갈 준비하고, 동생은 밥 먹었어요."

 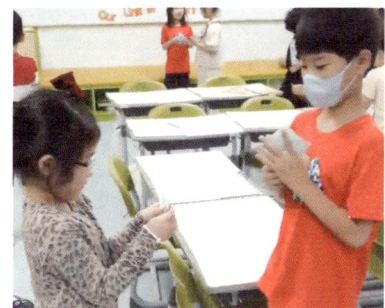

　질문 몇 가지로 아이들은 바쁘게 생각합니다. 아침에 대해 소개할 내용이 정리되었습니다. 특별한 것을 떠올리는 것이 아니라는 것을 아이들에게 다시 한번 일러둡니다. 스스로 찾은 답으로 아침을 소개하는 문장을 준비합니다. 자신의 자리에서 일어나 짝을 만납니다. 그리고 자신을 소개합니다. 짝을 만나지 못한 친구들이 있으면 서로 만나게 도와줍니다. 놀이에 참여하는 아이들 수가 홀수인 경우에는 3명이 게임에 참여합니다.

　《1인칭 소개하기》놀이를 제대로 즐기고 있는지 여기저기서 웃음소리가 들립니다. 소개가 끝나면 짝과 낱말 카드를 바꾸고 새로운 짝을 만나러 갑니다. 놀이를 5번 반복하는 동안 아이들은 5번의 새로운 나를 만나고, 5명의 새로운 친구에게 5번의 소개말을 합니다.

　낱말 카드 '뺨'을 뽑은 친구는 거울 앞에 섭니다. 자신의 뺨을 눌러보고 당겨보기도 하더니 찡그린 표정과 웃는 표정도 지어봅니다.

　"나는 뺨입니다. 나는 입과 친구입니다. 나는 얼굴에서 살이 제일 많습니다. 나는 웃을 때 튀어나옵니다."

　거울 덕분에 3개의 문장으로 멋지게 소개합니다.

　"뺨은 사람들이 때리기도 하잖아."

소개를 들은 짝이 자신의 생각을 보태어 말합니다.
"나는 맞기 싫은데"
자기 생각을 힘주어 말할 때는 자신이 온전히 '뺨'이 된 순간입니다.
"나는 자동차입니다. 나는 비쌉니다. 나는 바퀴가 있습니다. 나는 멀리 갈 수 있습니다."
"얼마나 비싸나요?"
소개하는 말이 끝나자 질문이 이어집니다. 궁금함은 소개하는 말을 집중해 들을 때 일어납니다. 궁금한 것이 있다면 1~2가지 질문을 할 수 있는 규칙이 만들어졌습니다. 소개하는 아이들은 잘 들도록 똑똑하게 말하고, 듣는 아이들은 몸을 기울여 듣습니다.《1인칭 소개하기》놀이 시간은 교실이 아이들 말소리로 가득합니다.

선생님 신호를 듣고 아이들은 자기 자리로 돌아갑니다.
"소개하기 놀이 언제 또 해요?"
엉덩이를 붙이기도 전에 아이들이 물어봅니다. 소개하기 놀이를 통해 말하는 두려움과 걱정거리가 조금은 사라졌나 봅니다.

1인칭 소개하기 교수학습안

단계	교수·학습 활동	자료(□) 및 유의점(※)
도입	1인칭 소개하기 놀이를 해 봅시다. ◎ 학습활동 안내하기 〈활동1〉 낱말 카드 만들기 〈활동2〉 1인칭 소개하기(나는 너야) 놀이하기	
전개	〈활동1〉 낱말 카드 만들기 ◎ 주변의 자료를 활용하여 낱말을 찾아봅시다. – 교과서, 그림책, 주변의 물건 등을 살펴보면서 다양한 낱말을 찾아봅시다. – 인물의 이름은 모두가 아는 사람만 기록할 수 있습니다. ◎ 생각주머니에 낱말 카드를 모아 봅시다. – 4개의 낱말 카드를 기록해 봅시다. – 낱말 카드를 생각주머니에 모읍니다. 〈활동2〉 1인칭 소개하기(나는 너야) 놀이하기 ◎ 1인칭 소개하기 놀이 방법을 알아봅시다. ① 낱말 카드를 1개 뽑습니다. ② 낱말 속 주인공을 소개하는 말 3가지를 생각합니다. ③ 짝을 만나 낱말 카드를 보여주면 자신을 소개합니다. ④ 나와 짝의 소개가 끝나면 낱말 카드를 바꿉니다. ⑤ 새로운 짝을 만나 소개하기 활동을 반복합니다. ◎ 1인칭 소개하기 놀이를 해 봅시다. – 1개의 낱말 카드를 뽑습니다. – 5명의 짝을 만나 놀이를 해 봅시다.	1 낱말 카드, 생각주머니 ※ 낱말 카드 개수는 놀이에 참여하는 인원에 따라 조정할 수 있다. ※ 놀이 참여 인원이 홀수인 경우 3명이 짝을 이루어 활동할 수 있다.
정리	◎ 1인칭 소개하기 놀이에서 재미있었던 점, 어려웠던 점을 생각해 봅시다. – 놀이에 참여했던 생각을 발표해 봅시다. – 자신의 생각을 스티커 종이에 기록해 봅시다.	2 스티커종이, 생각모음판

02 문장 기차 놀이

《문장 기차 놀이》는 단어를 이용해 문장을 만들어 이야기를 완성하는 놀이입니다. 3~4명이 한 팀을 만들고 자신이 선택한 단어를 사용해 문장을 만듭니다. 이때 앞 친구 문장과 말이 되도록 이어서 문장을 구성합니다. 단어를 뽑아 이야기를 구성할 때, 30초~1분 정도의 시간을 주면 아이들은 짧은 시간에 집중해서 생각을 정리할 수 있어 좋습니다. 고학년의 경우 단어를 뽑으면서 바로 문장을 만들고 이야기를 완성할 수 있습니다. 3~4개의 문장이 기차처럼 엮어지는 동안 다양한 이야기가 만들어집니다.

《문장 기차 놀이》는 하나의 이야기를 만들어 가는 놀이로 집중과 경청하는 태도를 기를 수 있습니다. 토론에서 중요한 요소 중 하나이지요. 또, 친구가 말한 문장과 이어질 문장을 생각하면서 사고력뿐만 아니라 표현력도 향상됩니다. 모둠 친구들과 문장을 기차처럼 엮어가는 과정에서 아이들의 듣기와 말하기 능력은 자라날 것입니다.

수업 속으로

"오늘은 무슨 놀이해요?"

쉬는 시간에 아이들이 찾아와 물으며 선생님이 무슨 자료를 준비하는지 살핍니다. 토론 놀이 수업에 대한 기대감이 높습니다.

"오늘은 문장 기차 놀이를 합니다."

"운동장으로 나가요?"

기차 놀이는 운동장에서 해야 제맛인가 봅니다. 칠판에 놀이 제목을 쓰고 문장이 무엇인지 확인합니다. 누가, 무엇을, 어찌하다로 구성하는 것이라고 정리하니 운동장 이야기는 저절로 사라졌습니다.

"문장 기차 놀이는 모둠 놀이입니다."

우리 반은 6개의 모둠이 있습니다. 3명인 모둠도 있고 4명인 모둠도 있습니다. 저학년이나 놀이가 처음일 경우에는 모둠원의 수가 적으면 좋습니다. 고학년이나 놀이가 익숙해지면 5~6명으로 모둠을 구성할 수도 있습니다.

"단어 1개를 뽑아 문장을 만듭니다. 다음 사람은 이야기가 이어지도록 문장을 만들어 말합니다."

아이들이 단어 주머니에서 단어를 뽑습니다.

"아! 망했다."

아이가 단어를 뽑자마자 한숨을 쉬며 소리칩니다.

"뭔데?"

주변 아이들이 몰려듭니다. 한숨의 주인공이 '콩'이라는 단어를 들어 보입니다. 이번 놀이는 틀렸다는 표정입니다.

"니는 콩도 모르냐?"

"모르는 게 아니라 나는 콩 싫어한다고."

자기가 좋아하는 것이 선택되기를 바라는 마음은 누구나 같겠지요. 단어의 뜻을 모르거나 어렵다고 느낀다면 단어는 다시 선택할 수 있습니다. 단, 기회는 1번으로 제한하면 좋습니다. 단어를 뽑는데 시간을 빼앗기는 동안 집중하는 시간도 줄어드니까요.

"이걸로 어떻게 해?"

'보리'를 선택한 친구는 단어만 쳐다봅니다.

"우리 급식 먹을 때 밥에 있는 거잖아. 쌀 같은 거."

같은 모둠 친구들이 설명을 해줘도 아리송한 표정입니다. 저학년 아이들에게 '보리'는 낯설 수 있습니다. 낯선 단어는 생각을 풀어낼 때 어려움이 있습니다. 이럴 때 단어를 바꿀 기회를 주면 됩니다.

각자 자신이 뽑은 단어를 들고 모둠 협의가 시작됩니다. 협의할 수 있는 시간은 30초~1분 정도이며 발표 내용과 발표 순서를 정합니다. 놀이가 익숙해졌거나 고학년의 경우는 회의 시간을 주지 않고 단어 뽑기와 동시에 이야기를 만들어 갈 수도 있습니다. 아이들은 이어지는 문장 만들기로 하나의 이야기를 완성하기 위해 더 경청합니다.

"내 생각 한번 들어봐."

아이들은 좋은 생각인지 아닌지 눈 맞춤을 하며 귀를 기울입니다. 토론에서 중요한 경청이 일어나는 순간입니다.

"좋은 생각이 났어."

아이들은 생각을 나누기 위해 바쁘게 시간을 씁니다.

모둠 협의가 성공적이었는지 먼저 발표하겠다는 모둠이 대부분입니다. 올림픽, 밥, 우산을 선택한 모둠의 발표가 시작됩니다.

"나는 올림픽에 가서", "밥을 먹는데", "비가 와서 우산을 썼습니다."

아직 놀이가 서툽니다. 3명이 하나의 문장을 만드는 경우가 종종 있습니다. 한 사람이 하나의 문장을 만들어야 한다는 놀이 방법을 다시 확인하면 됩니다. 놀이 방법을 다시 확인하는 과정은 1학년 아이들에게 흔한 일이거든요.

이번 모둠의 단어는 미용실, 삼겹살, 지갑, 학교입니다.

"나는 미용실에 갔습니다."

"미용실에서 삼겹살을 서비스로 줬습니다."

"삼겹살을 먹다가 지갑을 잃어버렸습니다."

"학교에 가니 선생님이 지갑을 주웠다고 찾아주었습니다."

발표가 끝나자 '대박'이라는 말이 나옵니다. 삼겹살을 서비스로 주는 미용실에 대한 관심이 뜨겁습니다. 발표 모둠에서 실제로는 없다고 하니 아이들이 실망합니다. 함께 기대하고 실망하면서 문장 기차 놀이는 더 재미있어집니다.

다음 발표 모둠은 가족, 골목길, 일요일입니다.

"가족들과 식당에 갔습니다."

"골목길로 가니 지름길이 나왔습니다."

"식당이 일요일에 문을 닫아서 우리 가족은 굶었습니다."

발표가 끝나니 친구들이 박수를 쳐 줍니다. 미리 약속하지 않았는데 서로를 응원하는 모습이 대견합니다. 박수 소리와 함께 질문 하나도 따라옵니다.

"일요일에 식당이 왜 문을 닫아?"

발표를 마친 모둠에서 대답을 하지 못하고 서로 눈치만 보네요.

"우리 동네 돈가스집 있는데 거기도 일요일에 안 해."

맨 앞자리에 앉은 성현이가 대신 대답해 줍니다. 가게 앞에 '일요일은 휴무'라고 적혀 있다고 말합니다. 그러자 일요일에 문을 닫는 가게들에 대한 제보가 줄줄이 이어집니다. 끝나지 않는 아이들의 이야기에 질문을 던진 친구도 이제 알겠다는 손짓을 합니다.

휴무 – 일을 하지 않고 잠시 쉬는 것

아이들의 이야기가 오가는 동안 칠판에 '휴무'라는 단어와 뜻을 기록합니다. 오늘 아이들은 새로운 단어 하나를 더 익히게 되었네요.

전체 모둠 발표가 끝났습니다. 아이들 단어는 모두 단어 주머니에 넣습니다. 선생님 신호에 따라 새로운 자리에 앉습니다. 자리가 바뀌면서 모둠 친구도 바뀝니다. 새로운 단어 카드를 선택하고 놀이를 다시 시작합니다.

"이거는 뭐라고 해야 돼?"

'다리' 단어를 뽑은 친구가 친구에게 도움을 청합니다. 아이가 우리 몸에 붙어있는 것이라고 친구 다리를 가리키며 설명합니다. 또 물 위를 안전하게 건너도록 만든 시설이라고 설명합니다. 이 순간 아이는 하나의 단어가 여러 개 뜻을 가지는 것도 알았습니다. 여러 뜻을 가진 단어는 자

신이 원하는 것으로 선택하면 된다고 했습니다.

아파트, 지붕, 다리, 책을 뽑은 모둠이 발표합니다.
"어느 날 상아맨션 아파트에 갔습니다."
"근데 상아맨션 지붕에 누가 살고 있었습니다."
"그 사람은 다리라는 사람이었습니다."
"다리라는 사람이 지붕에서 책을 읽고 있었습니다."
아이들 생각이 재미있습니다. '다리'는 신체도, 시설물도 아닌 사람 이름이 되었습니다. 아이들의 창의력 덕분에 이야기는 더 흥미로워지네요.
자동차, 공원, 꽃, 종이 단어를 가진 모둠이 발표합니다.
"자동차를 타고 꽃이 많은 공원에 갔습니다."
"공원에서 꽃을 보았습니다."
"꽃에 좋은 향기가 안 났습니다."
"그래서 내가 종이로 꽃을 접어 향기가 나도록 만들었습니다."
종이접기를 좋아하는 친구가 멋지게 마무리합니다. 아이들은 향기 나는 꽃접기 비법에 대한 궁금증 보다 함께 문장 기차 놀이를 성공한 것이 더 기쁩니다.

"멋진 이야기가 만들어졌네."

아이들에게 칭찬의 말을 해주었습니다. 친구들도 박수 칩니다.

"다음 시간에 문장 기차 놀이 한 번 더 해요."

다음 놀이시간에는 자신이 칭찬의 주인공이 되고 싶은가 봅니다.

아이들은 놀이를 통해 자랍니다. 문장 기차 놀이로 아이들은 의견을 교환하면서 서로의 의견을 존중하는 아이들로 성장할 것입니다.

문장 기차 놀이 교수학습안

단계	교수·학습 활동	자료(□) 및 유의점(※)
도입	문장 기차 놀이를 해 봅시다. ◎ 학습활동 안내하기 〈활동1〉 문장 만들기 〈활동2〉 문장 기차 놀이하기	
전개	〈활동1〉 문장 만들기 ◎ 문장을 알아봅시다. - 누가, 어찌하다로 구성합니다. - 누가, 무엇을, 어찌하다로 구성합니다. ◎ 단어 카드를 활용한 문장을 만들어 봅시다. - 자신이 선택한 단어 카드를 활용하여 문장을 만들어 발표합니다. 〈활동2〉 문장 기차 놀이하기 ◎ 문장 기차 놀이 방법을 알아봅시다. ① 단어 카드를 1개 뽑습니다. ② 모둠 친구와 발표 내용과 순서를 의논합니다. ③ 모둠에서 정한 순서대로 문장을 발표합니다. ④ 발표가 끝나면 단어 카드는 단어 주머니에 넣습니다. ◎ 문장 기차 놀이를 해 봅시다. - 자신이 뽑은 단어를 이용하여 문장을 말합니다. - 문장 이어 말하기로 이야기를 완성합니다. - 모둠 전체발표가 끝이 나면 새로운 자리에 앉습니다. - 새로운 모둠 친구를 만나 놀이를 반복합니다.	1 단어 카드 (단어프리즘) ※ 문장에 대한 개념 이해 후 놀이를 한다. ※ 단어카드의 뜻을 이해하지 못하는 경우 단어 카드를 바꿀 수 있다
정리	◎ 문장 기차 놀이의 경험을 나누어 봅시다. - 놀이에 참여했던 생각을 나눕니다. - 자신의 생각을 기록하고 생각을 모읍니다. ◎ 문장 기차 놀이를 잘 할 수 있는 방법은 무엇인지 생각해 봅시다. - 문장을 기차처럼 엮어가기 위해 경청과 말하기, 모둠 생각 나누기 등에서 방법을 생각합니다.	2 스티커종이, 생각모음판

내 마음이 들리니?

《내 마음이 들리니?》는 3가지 놀이로 구성된 경청 활동입니다. 친구의 설명을 들으며 종이를 접거나 오리는 '보이지 않아도 똑같이 놀이', '몸짓, 그림, 말 3단계로 설명하는 스피드 퀴즈', '이구동성 놀이'로 활동이 진행됩니다.

교실에서 상대방 이야기를 잘 듣는 학생들이 많아질수록 토론 수업의 질은 올라갑니다. 하지만 토론할 때 실제로 경청하는 학생들은 많지 않습니다. 상대를 바라보지 않는 학생들도 많지요. 어떻게 하면 학생들이 상대에 대한 애정을 가지고 집중하게 할까요?

이는 우리 모두의 고민입니다. 경청은 상대의 마음을 생각하며 온몸으로 집중해 듣는 태도입니다. 경청은 상대를 이기기 위한 것이 아니라 이해하기 위한 것입니다. 학생들이《내 마음이 들리니?》놀이에 참여하며 경청 태도를 자연스럽게 배우면 좋겠습니다.

수업 속으로

수업 시작 활동으로 아침에 있었던 일을 짝과 이야기해 봅니다.
"선생님, 저 아침에 일어나서 아무것도 안 했는데요?"
한 아이가 퉁명스럽게 말합니다.
"정말 아무것도 안 하고 학교에 왔을까요?"
그럴 리 없다는 표정으로 질문을 던지고 아이들 표정을 살핍니다. 일어나기, 씻기, 아침 먹기 등 간단한 예시를 알려주니 그제서야 알겠다는 듯 '아!'하고 말소리가 튀어나옵니다. 간단한 활동이지만 아이들은 아침에 일어난 일을 신나게 말하고 듣습니다.
"짝꿍에게 들은 이야기를 발표해 볼까요?"
"아침에 일어나서 씻고, 선크림 바르고, 아침으로 김밥을 먹었대요."
아이가 짝꿍의 이야기를 하나도 빼 먹지 않고 전합니다. 짝 이야기에 경청을 아주 잘했습니다. 아이들이 들을 준비가 된 것을 보고 게임을 시작합니다.

《보이지 않아도 똑같이》 활동을 아이들에게 설명합니다. 활동 내용은 간단합니다. 말하는 사람의 설명을 듣고 똑같이 따라 하면 됩니다. 단, 듣는 사람은 말하는 사람의 종이를 보거나 질문을 하면 안 된다는 것을 아이들에게 알려줍니다.
"선생님의 설명을 듣고 따라 해 보세요. 단, 질문은 안 됩니다."
아이들에게 색종이를 나누어 주고 설명을 시작합니다. 설명을 하는 동안 학생들이 종이를 볼 수 없게 숨겨 접습니다.

"먼저 종이를 반 접으세요. 다시 폅니다. 그런 다음 윗부분을 세모로 접으세요. 이제 남은 밑 부분을 세로로 10등분이 되게 잘라줍니다."

다시 말해달라고 하는 학생이 있지만, 규칙대로 한 번만 설명하고 시간은 조금 더 늘려줍니다.

"이제 선생님 것과 비교해 봅시다. 하나, 둘, 셋!" 아이들이 저마다 완성한 것을 번쩍 들어 보입니다.

"완전 똑같아요!"

"저는 조금 비슷해요!"

똑같은 아이들도 다르게 자른 아이들도 선생님 것과 자기 것을 비교하며 즐거워합니다. 설명이 끝나고 본격적인 놀이가 시작되었습니다.

"설명 좀 들어! 선생님! 짝꿍이 제 말을 안 듣고 마음대로 해요."

놀이가 시작되자 자기 이야기에 귀 기울이지 않는 짝꿍이 답답한 듯 정연이는 불편함을 토로합니다.

"상현아, 정연이와 똑같이 종이를 접기 위해서 어떻게 해야 할까?"

상현이 표정도 좋지 않습니다.

"천천히 말해주면 좋겠어요. 너무 빨라요."

"그럼 정연이에게 좀 더 천천히 말해달라고 할까?"

상현이는 고개를 끄덕입니다. 정연이가 천천히 이야기해주자 상현이는 금세 활동에 빠져 즐겁게 참여합니다. 자기 설명을 듣고 있는 친구가 잘하고 있는지 궁금한 아이들은 몇 번이고 확인합니다.

"선생님, 저희 완전 똑같아요!"

활동을 성공적으로 끝낸 아이들은 똑같은 종이를 맞대어 보입니다. 물론 잘 안된 친구들도 있지만 아이들은 서로 역할을 바꾸어가며 즐겁게 활동에 참여합니다.

　두 번째 활동은 몸짓, 그림, 말 스피드 퀴즈 활동입니다. 4명이 한 팀으로 주제에 해당하는 단어를 몸짓, 그림, 말로 설명하는 놀이입니다. 이때 몸짓, 그림, 말을 동시에 사용하여 설명할 수 없습니다. 몸짓으로 답을 찾지 못하면 그림, 그림에서 답을 찾지 못하면 말을 사용합니다. 설명하는 단어는 아이들이 좋아하는 운동, 물건, 동물로 시작합니다. 처음 제시된 단어는 치타입니다. 첫 번째 친구가 몸짓으로 빠른 다리를 표현합니다. 몸짓으로 정답을 맞히지 못하면 그림 설명으로 넘어갑니다. 두 번째 설명을 맡은 친구는 빠른 다리를 강조하여 치타를 그립니다. 그림으로도 정답을 맞히지 못하면 마지막 사람이 말로 설명합니다.
"달리기가 빠른 동물은?"
"치타!"
몸과 그림으로 표현하는 아이들은 터져 나오는 웃음을 참습니다.
모둠별로 진행되는 단체 놀이를 보는 친구들도 재미있어 합니다. 낱말

의 난이도만 조정하면 저학년부터 고학년까지 즐겁게 참여할 수 있는 활동입니다. 주제는 다양하게 제공하되, 제시된 낱말의 난이도는 모둠별로 공평하게 제공되어야 합니다.

세 번째 활동은 이구동성 놀이입니다. 샌드위치, 카멜레온처럼 4글자의 단어를 4명이 동시에 외치면 다른 친구들이 맞히는 놀이입니다. 콩쥐팥쥐처럼 같은 글자가 2번 들어가는 말은 가급적 피합니다. 아이들에게는 박자에 맞추어 동시에 비슷한 세기로 말하도록 안내합니다.
"4글자 단어를 찾아봅시다."

고등학교, 호루라기, 멜로디언, 마요네즈, 고슴도치, 크레파스, 고속도로, 토네이도, 스테이크, 훈민정음, 초등학교, 삼각김밥, 맥도날드, 백설공주

처음엔 어려워하던 아이들이 많은 단어들을 스스로 찾습니다. 모둠에서 찾은 단어 1개를 골라 문제를 냅니다.
"친구들이 함께 말하는 말이 무엇인지 맞춰볼까요?"
"토", "네", "이", "도"
문제를 내는 모둠은 총 3번을 외칩니다. 아이들은 동시에 말하는 친구 말을 들으려 노력합니다. 친구 말이 잘 들리지 않으면 입모양을 보기 위해 이리저리 몸을 들썩여 보기도 합니다. 이구동성 놀이를 끝으로 3가지 경청놀이를 마무리합니다.

"오늘 《내 마음이 들리니》 3종 놀이를 하면서 우리에게 가장 필요한

태도는 무엇이었나요?"

고개를 갸우뚱하는 아이들에게 손으로 귀를 가르키며 힌트를 줍니다.

"상대의 이야기에 귀 기울이고 경청하는 거요."

잘 듣기만 하면 경청을 하는 것인지 물으니 아이들이 고민합니다.

"상대를 배려하는 거예요."

"배려라고 말한 이유를 들려줄 수 있을까요?"

"잘 듣고 상대를 이해하는 배려가 필요해서요."

주변 친구들이 호응합니다.

"좋은 의견입니다. 귀로 잘 듣고 상대 마음을 생각하며 온몸으로 듣는 것을 경청이라고 합니다. 다음 시간에는 친구의 말에 더욱 경청하며 토론활동을 해 봅시다."

활동을 정리하며 경청은 토론에서 빼놓을 수 없는 중요한 태도라고 말했습니다. 3가지 활동으로 아이들은 경청이 어려운 일이 아님을 깨닫겠지요. 아이들이 경청을 서로 배려하고, 배려받는 행복임을 배우면 좋겠습니다.

내 마음이 들리니 교수학습안

단계	교수·학습 활동	자료(口) 및 유의점(※)
도입	**내 마음이 들리니 놀이를 해봅시다.** ◎ 학습활동 안내하기 〈활동1〉 보이지 않아도 똑같이 놀이 〈활동2〉 몸짓-그림-말 스피드 퀴즈 놀이 〈활동3〉 이구동성 놀이	
전개	◎ 마음열기 짝 발표 〈활동1〉 보이지 않아도 똑같이 놀이 ① 두 학생이 서로 등을 맞대고 책상에 앉습니다. ② A학생이 종이를 자유롭게 접거나 오리면서 B학생에게 방법을 구체적으로 설명합니다.(이때, B학생은 A학생에게 질문할 수 없습니다.) ③ 정해진 시간이 끝나면 서로 종이를 비교합니다. 〈활동2〉 몸짓-그림-말 스피드 퀴즈 놀이 ① 4명이 한 팀이 되어 3명의 설명자와 정답을 맞히는 1명을 정합니다. ② 제시어를 확인합니다. ③ 몸짓으로 설명합니다.(정답 3점, 오답 시 → ④) ④ 그림으로 설명합니다.(정답 2점, 오답 시 → ⑤) ⑤ 말로 설명합니다.(정답 1점, 오답 0점) ⑥ 정답을 맞히거나 패스하면 팀원이 한 칸씩 자리를 이동합니다.(역할이 변경) ⑦ ②~⑤를 반복하여 놀이를 진행합니다. 〈활동2〉 이구동성 놀이 ① 4명이 한 팀이 되어 4글자의 낱말을 고릅니다. ② 4명이 동시에 한 글자 씩 3번 외칩니다. ③ 소리를 듣고 화이트보드에 정답을 기록합니다.	1 준비물: 색종이, 가위 ※ 듣는 친구는 질문을 할 수 없습니다. 2 준비물: 보드마카, 화이트보드, 낱말카드 ※ 몸짓, 그림, 말은 각각 30초의 시간을 줍니다. 3 준비물: 화이트보드, 보드마카 ※ 팀원과 박자, 소리의 세기를 맞추어 외칩니다.
정리	◎ 경청은 어떤 태도인지 이야기 해봅시다.	

04 밸런스 게임

《밸런스 게임》은 두 가지 선택지 중 하나를 선택하는 놀이입니다. 먼저 제시되는 선택 질문을 확인합니다. 두 가지 선택지 중 한 가지를 선택하고 선택 자리로 옮깁니다. 다른 선택을 한 친구들끼리 서로 의견을 나눕니다. 이때, 자기 생각을 주장해도 되며, 질문으로 상대 생각을 확인할 수도 있습니다. 의견 나누기가 끝이 나면 최종 선택 기회를 줍니다. 최종 선택은 처음 선택과 다른 선택을 할 수도 있습니다. 최종 선택이 끝나면 처음 선택과 최종 선택의 수를 통해 우리 반 친구들의 생각을 확인합니다. 《밸런스 게임》에는 승패가 없습니다. 우리 반이 많이 선택한 생각을 아는 것으로 게임을 마무리합니다.

《밸런스 게임》은 자신의 선택이 옳다는 것을 주장하기 위해 근거를 세웁니다. 또, 상대방의 생각에 반박하기 위해 상대방 말을 경청합니다. 아이들은 놀이를 통해 논리적으로 생각하여 상대를 이해시키고 설득하면서 생각을 생각하는 힘을 기릅니다.

수업 속으로

"이번 시간에는 책상 위에 아무것도 없이 정리하세요."
"아싸!"
책이 필요 없다는 것만으로도 아이들은 즐겁습니다. 칠판에 《밸런스 게임》이라 쓰니 아이들 질문이 쏟아집니다.
"밸런스가 뭐예요?"
'균형'이라는 뜻을 가진 영어 단어라고 간단히 말하고 게임 방법을 설명합니다.
"우리는 오늘 밸런스 게임을 합니다."
"균형잡기 놀이예요?"
《밸런스 게임》 순서를 기록하면서 놀이 방법을 설명합니다. 설명만으로는 게임을 정확하게 모르는 표정이지만 균형잡기 놀이가 아니라는 건 확실하게 압니다.

"두 가지 선택 질문을 보고 생각을 정한 뒤 자리를 이동하면 됩니다."
같은 생각을 가진 친구들끼리 모이면 생각도 힘이 생깁니다. 이동하는 자리는 '교실 앞'과 '교실 뒤'로 정하였습니다. 두 가지 선택지 중에 선택이 어려운 친구는 자기 자리에 앉아있어도 좋다고 일러둡니다.

후라이드 치킨	VS	양념 치킨
교실 앞		교실 뒤
치킨 먹기		

첫 번째 선택 질문을 보여주니 아이들이 웅성거리기 시작합니다. 10초를 세는 동안 아이들은 자신이 선택한 자리로 이동합니다. 아이들은 자연스럽  게 교실 앞과 뒤쪽에 서서 마주 봅니다. 1차에서 후라이드치킨 14명, 양념치킨 8명입니다. 이번 선택에서 결정하지 못한 친구는 한명도 없습니다. 마주 선 22명의 친구들이 자신의 생각을 차례대로 발표합니다.

후라이드 치킨	양념 치킨
1. 너거는 영선시장에 파는 튀김 안 먹어봤어? 얼마나 맛있는데.	2. 후라이드는 고기맛 밖에 안나잖아. 양념은 다양한 맛이 있어서 얼마나 맛있는데.
3. 양념을 잘 못 먹으면 매워.	4. 매우면 물 마시면 되잖아.
5. 후라이드는 바삭바삭하고 양념은 안 바삭해. 너희들은 바삭한 맛을 모르는구나.	6. 새로 나온 마요네즈 소스가 얼마나 맛있는데 바삭한거 보다 더 맛있어.
7. 후라이드에 양념을 바르게 양념 치킨이니까 진짜 주인공은 후라이드야.	8. 후라이드는 씹을수록 퍽퍽해서 맛 없어.
9. 퍽퍽할 때는 콜라를 먹으면 되잖아.	10. 콜라는 몸에 안 좋잖아. 뼈가 썩는다니까.

줄을 선 차례대로 자신의 생각을 말하거나 상대방에게 질문을 합니다. 저학년의 경우에는 발표 순서를 정하면 좋습니다. 자신의 발표가 끝나면 한 발 뒤로 물러섭니다. 다시 나눌 생각이 생긴 친구는 한 발 앞으로 나와 생각 나누기에 참여합니다.

생각이 오고 갈수록 아이들 목소리가 높아집니다. 자기 순서가 아닌데 대화에 끼어들기도 하고 엄지손가락을 세워 바닥으로 향하게 하는 모습도 보입니다.

"선생님, 무슨 말을 하는지 잘 안 들려요."

아이들과 생각을 나눌 때 필요한 규칙을 정리해 보았습니다.

"친구들에게 나쁜 행동이나 말을 하지 않아요."

"순서대로 말하고, 크게 말해요."

아이들은 스스로 지켜야 할 규칙을 잘 알고 있습니다. 칠판에 만들어진 규칙을 기록합니다.

> 말하는 순서 지키기 / 잘 들릴 수 있게 말하기
> 잘 들어보려고 노력하기 / 예의 바른 태도로 참여하기

아이들의 생각 나누기는 계속됩니다. 10분 동안 생각 나누기가 끝나고 최종 선택 시간이 다가왔습니다.

"최종 나의 선택은?"

아이들이 움직입니다. 생각이 바뀌면서 자리를 바꾸는 친구가 생깁니다. 자신이 선택한 곳으로 오라고 손짓도 합니다. 최종 선택 결과는 후라이드치킨이 12명, 양념치킨이 10명입니다.

모두들 자기 자리로 돌아갑니다. 첫 번째《밸런스 게임》은 끝났지만 후라이드와 양념의 논쟁은 아직까지 뜨겁습니다.

"너희들이 자꾸 싸우니까 양념 반, 후라이드 반이 생긴거잖아."

성현이의 지혜로운 정리 덕분에 다음 게임으로 넘어갈 수 있습니다.

1년 동안 온라인 게임 못 하기 VS 1년 동안 친구 못 만나기

"이건 너무 한 거 아니야?"

주어진 10초 동안 아이들은 뜨겁게 고민하고 선택을 마쳤습니다. 1년 동안 온라인 게임 못하기 9명, 1년 동안 친구 못 만나기 9명입니다. 선택하지 못한 친구가 4명이나 있습니다. 아이들은 교실 앞과 뒤쪽에 한 줄로 마주 섰습니다.

1년 동안 온라인 게임 못하기를 선택한 친구들부터 생각을 말합니다.

1년 동안 온라인 게임 못 하기

1. 온라인 게임보다는 친구가 더 재미있어. 친구를 만나서 같이 온라인 게임 말고 다른 것을 하면 되잖아.
3. 온라인 게임을 많이 해서 중독이 되는 것보다는 친구랑 노는 것이 더 좋아.
5. 게임을 많이 하면 눈도 나빠지고 건강이 안 좋아.
7. 안과에 가서 치료하는데 얼마나 아픈지 알아?
8. "게임하지 마"라는 엄마 잔소리를 안 들어도 되고 엄마랑 안싸워도 되잖아.
10. 게임을 안 하면 게임 생각이 덜 나고 합기도나 태권도를 더 열심히 하게 되어서 검은띠도 빨리 딸 수 있어.

1년 동안 친구 못 만나기

2. 친구보다 로블록스 게임이 더 재미있어. 너 로블록스 게임 해 봤어? 얼마나 재미있는지 잘 모르는구나.
4. 시간을 정해서 하거나 쉬면서 게임을 하면 중독이 안 될 수도 있어.
6. 눈이 나쁘면 안과에 가서 치료하면 돼.
9. 어차피 친구를 못 만나니까 엄마도 나를 불쌍하게 생각해서 게임하라고 할걸.
11. 게임을 안 한다고 게임 생각이 안 나는 건 아니야. 게임은 언제나 생각나.

우리 반에서 유일하게 태권도 검은띠를 가지고 아이가 게임 대신 태권도를 열심히 해서 검은 띠를 따라고 합니다.

"1년 뒤에 검은띠 따면 되지."

'1년 동안' 이라는 선택 질문을 이용해 상대측에서 반박하는 아이도 있습니다. 좋은 생각이라고 친구들이 박수와 함께 동의합니다. 아이들은 생각을 나누는 동안 자연스럽게 주장과 반박, 질문이 오고 갑니다. 선택하지 못한 친구 4명은 양쪽 친구들 의견을 듣습니다.

"최종 나의 선택은?"

최종 선택 결과는 1년 동안 온라인 게임 못하기 17명, 1년 동안 친구 못 만나기 4명입니다. 최종 선택에서도 선택하지 못한 아이가 1명 있습니다.

"게임도 중요하고, 친구도 중요하고…."

최종 선택을 하지 못한 현규의 이야기를 들었습니다.

"제가 현규를 내일까지 잘 설득해 볼께요."

같이 설득해 보겠다고 몇 명의 친구가 같이 손을 듭니다.

"결과는 내일 집에 가기 전에 꼭 알려주세요."

토론 놀이는 끝났지만 아이들의 진짜 토론은 지금부터입니다.

《밸런스 게임》에 활용할 수 있는 선택 질문에는 키우고 싶은 동물 고양이 vs 강아지, 평생 여름 vs 평생 겨울, 평생 낮 vs 평생 밤, 여행 가기 산 vs 바다 등 다양합니다. 학년과 관심사를 고려하여 다양한 선택 질문을 활용할 수 있습니다. 아이들의 토론 역량은 놀이로 생각을 공유하고, 서로의 생각을 이해하는 기회를 가지면서 자랄 것입니다.

밸런스 게임 교수학습안

단계	교수 · 학습 활동	자료(□) 및 유의점(※)
도입	밸런스 게임 놀이를 해 봅시다. ◎ 학습활동 안내하기 〈활동1〉 게임 규칙 알기 〈활동2〉 밸런스 게임 놀이히기	
전개	〈활동1〉 게임 규칙 알기 ◎ 밸런스 게임의 규칙을 알아봅시다. ① 선택 질문지를 확인합니다. ② 나의 선택을 결정합니다. ③ 선택 자리로 이동합니다. ④ 친구들과 생각을 나눕니다.(주장, 질문, 반박) ⑤ 최종 선택을 합니다. 〈활동2〉 밸런스 게임 놀이하기 ◎ 후라이드 치킨 VS 양념 치킨 선택하기 - 선택 질문지를 확인합니다. - 자리를 이동하고 자신의 생각을 나눕니다. - 최종 선택에 참여합니다.(1차 선택과 최종 선택 결과를 선택 질문지에 기록해 줍니다.) ◎ 1년 동안 온라인 게임 못 하기 VS 1년 동안 친구 못 만나기 선택하기 - 선택 질문지를 확인합니다. - 자리를 이동하고 자신의 생각을 나눕니다. - 최종 선택에 참여합니다.(1차 선택과 최종 선택 결과를 선택 질문지에 기록해 줍니다.)	※ 선택 자리는 교실 상황을 반영하여 다양하게 변형할 수 있다. ① 선택 질문지 ※ 선택을 못한 아이들은 자기 자리에 앉아서 의견을 듣고 최종 선택에 참여한다.
정리	◎ 밸런스 게임에서 재미있었던 점, 아쉬웠던 점, 제안하고 싶은 점을 생각해 봅시다. - 놀이에 참여했던 생각을 발표해 봅시다. - 자신의 생각을 스티커 종이에 기록해 봅시다.	② 스티커종이, 생각모음판

05 포토스탠딩 토론

《포토스탠딩 토론》은 이미지 카드를 활용하여 의견을 내는 형태의 토론입니다. '나는 언제 가장 행복한가요?', '2030년 우리 미래는 어떤 모습일까요?', '나는 환경이라는 단어를 들었을 때 무엇이 떠오르나요?' 등의 주제가 아이들에게 주어집니다. 아이들은 선택한 이미지 카드를 활용하여 질문에 대한 자기 생각을 말합니다.

새로운 발상을 떠올리는 것은 쉽지 않습니다. 이럴 때는 익숙하지 않은 상황을 마주하는 것이 도움 됩니다. 낯선 공간에 방문하거나, 새로운 사람을 만날 수 있겠죠. 새로운 책을 봐도 괜찮습니다.

오늘 《포토스탠딩 토론》에서 활용할 이미지 카드도 그 역할을 대신할 수 있습니다. 낯선 사람들끼리 모여 자기 소개할 때, 이야기 구상 같은 새로운 생각이 필요할 때, 언제든 이미지 카드가 도움을 줄 거예요.

수업 속으로

오늘은 아이들과 《포토스탠딩 토론》을 합니다. 《포토스탠딩 토론》에서는 발상을 도와줄 이미지 카드를 활용합니다. 아이들에게 빨간색으로 색칠된 카드를 보여주며 질문합니다.

"이 사진을 보고 무엇이 떠오르나요?"

"구급차요."

"저는 사과가 떠올라요."

아이들은 각자 떠오른 생각을 말합니다. 감성적인 아이들은 '사랑', '열정' 같은 추상적인 단어도 말합니다.

"우리는 왜 같은 사진을 보고 다른 것을 떠올릴까요?"

"서로 생각이 달라서요."

언희가 대답합니다.

"사람들끼리 생각이 다르면 좋은 건가요? 안 좋은 건가요?"

아이들이 잠시 고민합니다.

"안 좋을 것 같아요."

"왜요?"

"맨날 싸울 것 같아요. 저는 어제 저녁에도 볼 영화를 정하다가 동생이랑 싸웠거든요."

"생각이 달라서 좋은 점은 없나요?"

"의견을 모을 때 좋아요."

아이들에게 구체적인 예시를 물어보았습니다.

"문제 상황에 대한 해결책이 필요할 때요."

"새로운 이야기를 떠올릴 때요."

아이들에게 포토스탠딩 토론을 한다고 한 후, 각 모둠별로 이미지 카드 50장을 나눠주었습니다.

"이미지 카드가 모두 보이도록, 책상 위에 골고루 펼쳐주세요."

아이들이 책상 위를 이미지 카드로 가득 채웁니다. 모든 모둠이 준비되면 아이들에게 질문합니다.

"여러분은 언제 행복한가요? 이 질문에 대한 내 생각과 관련된 이미지 카드를 한 장 골라보세요."

아이들은 저마다 자신이 행복했던 순간을 떠올리며 카드를 고릅니다.

"나는 맛있는 음식을 먹을 때가 행복해."

"난 눈 올 때가 행복하더라."

시키지도 않았는데 아이들은 각자 행복한 순간을 말합니다.

"다 골랐으면, 번갈아가며 왜 그 카드를 골랐는지 설명해주세요."

준석이는 지도가 그려진 이미지 카드를 친구들에게 보여줍니다.

"난 지도를 골랐어. 가족들이랑 여행 다닐 때가 가장 행복해."

"올해도 여행 갔었어?"

수연이가 질문합니다.

"여름방학에 가족들이랑 제주도 갔었는데, 진짜 좋았어."

"오 나도 갔었는데. 전복 김밥 맛있지 않았어?"

모둠별로 각자 고른 카드에 대한 소개가 끝났습니다. 희망하는 아이들에게는 학급 전체에 자기 생각을 공유할 기회를 줍니다.

이어서 아이들에게 포스트잇을 한 장씩 나눠주었습니다.

"나눠준 포스트잇에 내가 행복한 순간을 간략히 적습니다. 여러 장을 적어도 괜찮습니다. 적은 사람은 포스트잇을 칠판에 붙여주세요."

포스트잇이 충분히 붙으면, 아이들은 결과를 살핍니다.

"어떤 내용이 많은 것 같나요?"

"음식에 대한 이야기가 많아요."

"여행에 관한 내용도 많은 것 같아요."

"수업 시간에 했던 재밌는 활동도 있어요."

아이들이 말한 내용을 토대로, 비슷한 내용끼리 모아줍니다. 이어 아이들에게 질문합니다.

"우리 반은 언제 가장 행복할까요?"

아이들은 우리 반이 행복해지기 위한 방법을 말합니다. 여기에 나온 의견을 잘 활용해, 학급 규칙과 보상을 만들어도 좋습니다.

아이들의 시야를 조금 더 넓히는 활동을 시도했습니다.
"우리 주변에서 볼 수 있는 문제 상황에는 무엇이 있나요?"
"친구 사이의 갈등이요."
"동네에 길고양이가 너무 많습니다."
"층간 소음 문제도 있습니다."
"기후 변화도 심각합니다."
"저출산 문제요."

아이들이 사회 시간에 살펴보았던 문제 상황을 말합니다. 아이들이 말하기 힘들어 한다면 교사가 제시해도 괜찮습니다. 오늘은 해결책을 떠올리는 것이 목표니까요.

여러 문제 상황 중에서 우리 학급이 가장 중요하게 생각하는 한 가지를 선정하였습니다. 오늘은 '환경 문제'가 채택되었습니다.

"이미지 카드를 책상 위에 펼쳐주세요. 환경 문제를 해결하기 위해 우리는 어떤 노력을 해야 할까요? 내 생각과 관련된 카드를 한 장 골라주세요."

아이들은 첫 번째 활동보다 더 고심하며 카드를 찬찬히 살펴봅니다.
"선택이 끝났으면, 고른 카드로 짝과 이야기 나눠봅시다."
평소 환경에 관심이 많은 성호가 짝에게 먼저 말합니다.
"나는 태양이 그려진 카드를 골랐어. 태양 에너지를 더 많이 사용해야 된다고 생각해."

"왜 그렇게 생각해?"

"태양 에너지는 오염물질을 배출하지 않아."

이번에도 각자 생각하는 해결방안을 포스트잇에 적고, 비슷한 의견끼리 모으는 과정을 거칩니다. 에너지를 절약해야 한다, 플라스틱 사용을 줄여야 한다는 의견이 많았습니다.

"포토 스탠딩 토론을 해보니 어떤가요?"

"카드가 주어지니까 생각을 떠올리기가 편했습니다."

"다양한 의견을 쉽게 모을 수 있었습니다."

이미지 카드가 생각을 모으는데 도움이 된다고 생각하는 아이들이 많았습니다. 이어서 아이들에게 질문했습니다.

"이미지 카드가 없을 때, 무엇이 생각 떠올리기에 도움을 줄 수 있을까요?"

인터넷 검색, 다른 사람과의 대화, 책 찾아보기 등 새로운 생각을 만나는 다양한 경로를 이야기합니다.

"생각을 떠올리는 방법은 정말 다양합니다. 오늘 활동에서는 이미지 카드를 활용했지만, 인터넷에 '아이디어 발상법'을 검색하면, 수십, 수백만 가지의 발상 방법을 만날 수 있습니다."

세상에는 정답이 정해져 있지 않은 질문이 더 많다는 것을 아이들에게 말해주었습니다. 앞으로 아이들이 살아갈 세상은 더 그렇겠죠. 다양한 발상법을 통해, 아이들이 유연한 사고를 하면 좋겠습니다.

포토스탠딩 토론 교수학습안

학습 단계	학생 주도 교수 · 학습 활동	자료(口) 및 유의점(※)
도입	◎ 동기유발 ◎ 학습문제 확인하기 　　　　　포토스탠딩 토론 참여하기 ◎ 학습활동 안내하기 〈활동1〉 나는 언제 행복함을 느끼나요? 〈활동2〉 더 멋진 세상을 만들기 위해 무엇이 필요할까요?	
전개	〈활동1〉 나는 언제 행복함을 느끼나요? ◎ 포토스탠딩 토론 만나기 　① 나의 대답과 관련된 카드를 선택합니다. 　② 모둠 내에서 돌아가며(혹은 짝과 돌아가며) 이미지 카드를 활용하여, 자신의 생각을 말합니다. 희망자가 있다면 학급 친구들에게도 생각을 공유합니다. 　③ 자산의 생각을 포스트잇에 적고 칠판에 붙인다. 　④ 비슷한 생각을 모읍니다. ◎ 우리 반 친구들은 언제 행복함을 느끼나요? ◎ 학급이 더 행복해지기 위해서는 어떤 노력이 필요할까요? 〈활동2〉 더 나은 세상을 만들기 위해 무엇이 필요할까요? ◎ 지구촌(우리 마을, 우리나라)이 처해있는 문제 상황 알아보기 　· 지구촌 문제 : 기후변화 문제, 미세 플라스틱 문제, 전쟁 및 갈등 문제 등 　· 우리나라의 문제 : 저출산 · 고령화 문제, 남북 분단 문제, 세대별 성별 갈등 문제 등 　· 우리 마을의 문제 : 쓰레기 문제, 시설 노후화 문제, 불법 주차 문제, 교육 시설 부족 문제, 교통 문제 등 ◎ 포토스탠딩 토론을 활용하여 해결방법 떠올리기 ◎ 우리가 처한 문제를 해결하기 위해서는 어떤 노력이 필요한가요?	① 이미지 카드 (짝 혹은 모둠별 제공) ② 포스트잇 ※ 온라인 환경이 제공된다면, 이미지 카드 사진과 자신의 생각을 온라인 플랫폼을 통해 공유한다. ③ 이미지 카드 (짝 혹은 모둠별 제공) ※ 사회 교과의 조사 활동과 연계하여 실시한다. ※ 발상 과정에서는 허용적인 분위기를 조성한다. 현실성과 효과성은 이후에 고려한다
정리	◎ 〈포토스탠딩 토론〉 소감 나누기	

06 생각을 꺼내는 발상 놀이

《발상 놀이》는 교사가 던진 주제를 듣고 떠오르는 생각을 마음껏 적고, 그 결과를 친구들과 비교하는 놀이입니다. 다양한 생각이 나름대로 가치가 있음을 알려주는 것을 목표로 합니다.

떠오른 생각은 다른 사람들의 공감을 받는 내용일수도 있고, 다른 사람이 쉽게 떠올리지 못하는 독창적인 내용일수도 있습니다. 어느 방향이든 괜찮습니다. 그 과정에서 아이들은 발상의 중요성과 다양한 생각의 가치를 이해합니다.

모든 훌륭한 결과물은 작은 발상에서 시작됩니다. 위대한 발명품, 체계적인 시스템 모두 머릿속의 작은 반짝임에서 시작되어, 갈고 닦아져 그 모습을 갖게 되었습니다.

아이들에게 발상의 힘을 알려주고 싶습니다. 아이들에게 쉽고 재미있게 발상 경험을 제공해주는 것이 중요합니다. 그러면서도 다른 사람의 아이디어를 존중하고, 내 생각을 용기 있게 드러내는 모습이 중요하다는 것을 알려주면 좋겠습니다.

수업 속으로

"여러분은 내 생각을 잘 드러내는 편인가요?"

아이들이 갑자기 왜 그런 질문을 하냐는 표정을 짓습니다.

"나는 내 생각을 얼마나 잘 표현하는지 고민해보고 1점에서 5점으로 나타내봅시다."

아이들은 서로의 눈치를 보며 2점, 3점을 보입니다. 몇몇 적극적인 아이들은 4점, 5점을 내보입니다.

"왜 내 생각을 드러내는 부분이 어렵나요?"

"틀릴까 봐요."

"잘못된 생각을 내면 부끄럽잖아요."

아이들이 틀리는 것에 대한 부끄러운 감정을 말합니다.

아이들에게 물건 사진 몇 장을 보여줍니다. 포스트잇, 고무, 전자레인지 등 실수에서 비롯된 발명품 사진입니다.

"여기 있는 물건들의 공통점은 무엇인가요?"

"우리가 일상에서 자주 사용하는 물건입니다."

이 때 효진이가 정답을 말합니다.

"실수로 만든 거예요."

"실수요?"

"네, 유○브에서 봤는데요. 그 물건이 다른 물건을 만들려다가 실수로 만든 거래요."

정답을 말한 효진이의 정보 수집력을 칭찬해줍니다.

"효진이가 말한 것처럼 틀린 것도 다 의미가 있어요. 이것이 다른 사람의 의견을 존중해야 할 이유겠죠."

"오늘은 내 생각을 자유롭게 떠올리는 활동을 해보려고 합니다. 발상 놀이입니다."

〈발상 놀이〉는 두 단계로 진행됩니다.

첫 번째는 모둠별 활동입니다. 아이들에게 종이를 한 장씩 나눠줍니다.

"선생님 질문을 듣고 떠오르는 생각을 제한 시간 동안 최대한 많이 적습니다."

추천 질문 목록

1. 이 단어(사진)를 보고 떠오르는 단어는 무엇인가요?
2. 칠판의 문장을 보고 떠오르는 단어는 무엇인가요?
3. ~하는 상황(특정 문제 상황)을 해결하는 방법은 무엇이 있을까요?

잠시 후 집중 구호를 외치며, 적는 것을 멈추게 합니다. 모둠 내에서, 한 명씩 번갈아가며 자신이 적은 내용을 말합니다. 내가 말한 단어는 동그라미 표시(○), 친구가 말한 단어는 하트 표시(♡)를 합니다. 즉, 내가 같은 단어를 적었더라도, 친구가 먼저 말했다면 그 단어에는 하트 표시를 해야 합니다.

모두 시끌벅적 자신이 적은 내용을 말합니다. 아이들은 동그라미를 치며 기뻐합니다. 규칙에 대한 언급을 하지 않았지만, 가장 많은 동그라미

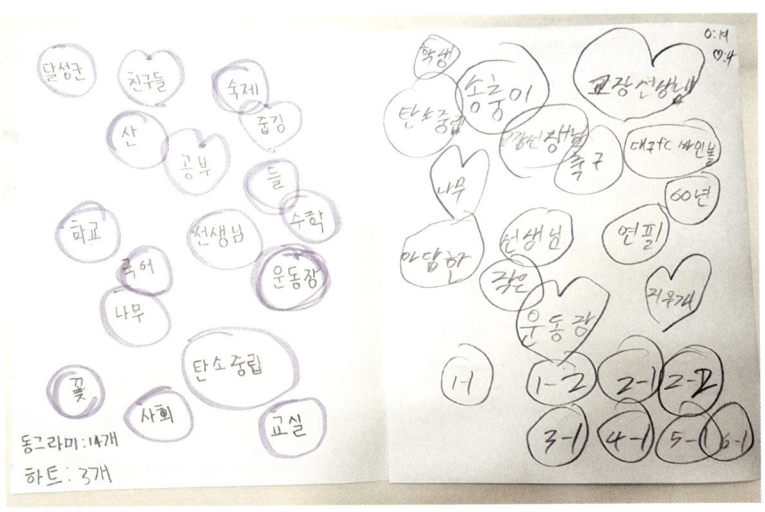

를 표시한 아이는 마치 게임에서 이긴 것처럼 기뻐합니다.

"선생님, 제가 동그라미 개수가 가장 많아요."

이때 대답 대신 미소를 지었습니다.

이어서 두 번째 활동을 진행합니다. 이번에는 모둠별로, 종이를 한 장씩 나눠줍니다.

"선생님의 질문을 듣고 떠오르는 생각을 모둠 친구들과 협의하여 적습니다. 단, 기록하는 사람은 한 명으로 정합니다."

기록하는 사람이 한 명이면 토의가 분산되는 것을 막을 수 있습니다. 제한 시간 이후 작성하는 것을 멈추도록 합니다.

"이번에는 1모둠부터 순서대로 번갈아가며, 적은 내용을 말합니다. 동그라미와 하트 표시를 하는 규칙은 첫 번째 활동과 동일합니다."

제한 시간이 끝나고 아이들은 동그라미 개수를 셉니다.
"선생님 저희 모둠이 동그라미가 가장 많아요! 15개에요."
"먼저 말하려고 했는데 다른 모둠이 먼저 말했어요. 아쉬워요."
"선생님 다른 질문으로 또 해요."
이번에도 아무런 대답을 하지 않고, 열심히 참여하는 태도에 대해서 칭찬하였습니다.

"첫 번째 활동과 두 번째 활동은 어떤 차이가 있었나요?"
아이들에게 질문하였습니다.
"첫 번째 활동은 시험을 치는 것처럼 조용했어요."
"두 번째 활동에서는 친구 생각을 들으니까 내 생각을 떠올리기가 더 쉬웠어요."
아이들이 함께 협력하니 좋았다고 합니다.

두 활동을 마무리하고 아이들에게 질문하였습니다.
"첫 번째 활동에서 가장 많은 동그라미를 가진 사람은 누구인가요?"
준석이가 자랑스럽게 손을 듭니다.
"저요!"
옆에 있던 은지도 준석이와 같은 개수라고 말합니다.
"두 번째 활동에서는 어느 모둠이 가장 많이 가졌죠?"
4모둠이 손을 듭니다.
"하트가 가장 많은 사람은 누구인가요?"
아무도 손을 들지 않습니다. 하트는 오답이라고 생각했기에 개수를 세

지도 않은 아이들이 많은 것 같습니다.

"하트가 많은 사람은, 다른 사람과 비슷한 단어를 많이 적었다는 뜻이죠. 왜 그랬을까요?"

"다른 사람들과 생각이 비슷해서요."

다른 사람과 생각이 비슷하면 어떤 장점이 있을까 물어보았습니다.

"다른 사람의 생각을 잘 이해할 것 같아요."

"공감을 잘해줄 것 같아요."

아이들이 하트가 많은 사람의 장점을 찾아냅니다.

"오늘 활동은 모두가 승자입니다. 적극적으로 활동에 참여했기 때문입니다. 비슷한 생각은 공감이 되어서 좋고, 다른 생각은 독창적인 생각이어서 좋습니다."

아이들은 이번 활동에서 무엇을 알게 되었을까요? 다양한 아이디어를 찾는 브레인스토밍 방법입니다. 이것은 어른이 되어서도 다양한 아이디어를 떠올릴 때 소중하게 활용될 것입니다.

하지만 그것보다 더 중요한 것은 아이들이 다양한 생각을 존중하고, 용기 있게 표현하는 것입니다. 허용적인 교실에서 아이들이 틀린 것이 아니라 다른 것임을 깨달으면 좋겠습니다. 이런 환경은 아이들을 더 독창적이고 행복하게 만들어 줄 것입니다.

발상 놀이 교수학습안

학습 단계	학생 주도 교수·학습 활동	자료(□) 및 유의점(※)
도입	◎ 동기유발 ◎ 학습문제 확인하기 **놀이로 생각 떠올리기** ◎ 학습활동 안내하기 〈활동1〉 한 사람 브레인스토밍게임 〈활동2〉 한 모둠 브레인스토밍게임	
전개	〈활동1〉 한 사람 브레인스토밍게임 ① 개인별로 종이를 한 장씩 받는다. ② 교사의 질문에 대한 아이디어를, 고민하지 말고 떠오르는 대로 적는다. ③ 5분 후, 모둠 내에서 번갈아가며 적은 생각을 말한다. ④ 내가 말한 생각은 동그라미 표시(○), 친구가 말한 생각은 하트 표시(♡)한다. • 더 많은 동그라미를 가지기 위해서는, 어떤 단어부터 말하면 좋을까요? 〈활동2〉 한 모둠 브레인스토밍게임 ① 모둠별로 종이를 한 장씩 받는다. ② 교사의 질문에 대한 아이디어를, 고민하지 말고 떠오르는 대로 적는다. ③ 3분 후, 모둠별로 번갈아가며 적은 생각을 말한다. ④ 우리 모둠이 말한 내용은 동그라미 표시(○), 다른 모둠이 말한 내용은 하트 표시(♡)한다. • 생각을 떠올리는 과정에서 두 활동은 어떻게 달랐나요? • 하트를 많이 가진 사람은 어떤 장점을 가졌을까요? • 동그라미를 많이 가진 사람은 어떤 장점을 가졌을까요?	1 개인별 종이 ※ 하나의 대상을 다르게 부르는 표현은 하나로 취급한다. ※ 적절한 교사의 질문: 특정 주제(단어)를 듣고 떠오르는 단어는? 특정 문제에 대한 해결책은? 2 모둠별 종이 ※ 기록하는 사람은 한 명이 맡는다.
정리	◎ 어떤 상황에서 발상놀이를 적용하면 좋을까요? ◎ 놀이 소감 나누기	

토론 몸풀기

07 짜장면 대 짬뽕

《짜장면 대 짬뽕》은 타당한 근거를 바탕으로 짜장면과 짬뽕 중 무엇을 먹어야 할지 설득하는 놀이 토론입니다. 이 활동의 목표는 일상생활 속 선택의 상황에서 논리적으로 자신의 주장을 펼치는 것입니다.

일상생활은 사소한 선택의 연속입니다.
'오늘 저녁은 뭘 먹을까?', '가족 여행은 어디로 갈까?'
말만 들어도 머리가 지끈한 토론이지만 실제 우리는 하루에도 몇 번이나 토론에 참여합니다. 가끔은 나와 다른 입맛을 가진 가족에게 저녁 메뉴를 설득하느라 꽤 거창한 근거를 제시하기도 합니다.

토론 수업이 때론 너무 무겁게 느껴질 때가 있습니다. 아이들이 자료 조사를 해 오지 않아 시작부터 기운이 빠질 때도 있습니다. 그럴 때면 포기하기보다는 토론 주제에서 힘을 빼 보면 어떨까요? '사자와 코끼리가 싸우면 누가 이길까?', '토요일과 일요일 중 더 좋은 날은?'과 같은 주제가 그런 주제입니다. 토론 주제에서라도 무게를 덜어내면 한결 가벼운 토론 수업이 됩니다.

수업 속으로

금요일 4교시, 놀이 토론 수업을 시작합니다.

"혹시 가족과 원하는 저녁 메뉴가 달라서 이야기 나누었던 경험이 있나요?"

음식 이야기가 나오니 여기저기 아이들이 손을 듭니다.

"저는 삼겹살을 먹고 싶은데, 아빠는 냉면을 먹고 싶다고 하셨어요."

"그럴 땐 아빠를 어떻게 설득했나요?"

"냉면 가게에서는 삼겹살을 먹을 수 없지만, 삼겹살 가게에는 냉면을 추가 주문할 수 있다고 말했어요."

"와, 정말 설득력 있는 주장이네요! 오늘은 혜서의 경험처럼 우리 주변에서 쉽게 볼 수 있는 주제인 '짜장면과 짬뽕 중 무엇을 먹을까?'로 토론을 해 볼 거예요."

"와!"

토론 수업에서는 보기 힘든 환호성에 벌써 마음이 뿌듯합니다.

"짜장면 하고 싶은 사람?"

삼 분의 일 정도 손을 듭니다. 초등학생은 짜장면을 더 좋아할 것 같은데, 우리 동네에 있는 짬뽕 맛집이 영향을 미친 듯합니다. 찬반 인원을 맞추기 위해 오늘도 아이들을 꼬드깁니다.

"토론에서 내가 좋아하는 것을 선택할 수도 있지만 어떤 편이 되던 상대를 설득할 수 있는 능력이 더 멋지겠죠. 멋진 토론 동아리 친구들, 오늘도 찬반 막대로 입장을 정해 볼게요. 찬성은 짜장면, 반대는 짬뽕!"

찬반 막대가 담긴 통을 열심히 흔들어 봅니다. 통에서 막대를 꺼내는 아이들의 눈빛이 이글거립니다. 원하는 음식이 나오지 않아 실망하는 아이들도 있습니다. 즐거운 마음으로 토론에 참여할 것을 알기에 크게 마음을 쓰지 않습니다.

"짜장면과 짬뽕이 가진 장점에는 어떤 것이 있을까요?"
"짜장면은 맛있어요!"
"짬뽕은 얼큰해요!"
아이들은 앉은 채로 자유롭게 생각을 외칩니다.
"음…. 맛있다와 얼큰하다는 근거로서 타당할까요?"
"아니에요. 맛있다, 얼큰하다는 것은 사람마다 다를 수 있어요."
아이들이 스스로 문제를 깨닫고 조금 더 깊은 고민에 빠져듭니다.
"짜장면, 짬뽕과 관련된 객관적인 근거에는 어떤 것이 있을까요?"
"재료가 얼마나 건강한지 살펴볼 수 있어요."
"칼로리를 비교할 수 있어요."
"가격을 비교할 수 있어요."
저도 생각하지 못한 아이디어가 쏟아집니다.
"친구들과 이야기하며 근거를 먼저 찾아보고, 구체적인 뒷받침 자료를 태블릿으로 찾아보도록 해요. 뒷받침 자료가 튼튼하면 설득력이 높아집니다."

설명이 끝나기를 기다리지 못하고 토의를 시작하는 모둠도 보입니다.
"자, 집중! 한 가지만 더 이야기할게요. 토론은 짜장면팀과 짬뽕팀의 입안을 먼저 듣고, 상대 팀의 의견에 반박합니다. 자료를 찾을 땐, 반박에 대비하여 상대 팀이 내세울 근거도 함께 고려해야 해요."

본격적으로 근거 찾기에 몰두합니다. 워낙 열을 올려 정말 오늘 저녁을 정하는 것인가 싶습니다.

"짜장면은 아기들도 먹을 수 있어."

수업 시간만 되면 책이 그림으로 가득 차던 민서가 적극적으로 의견을 말합니다.

"민서야, '짜장면은 아기들도 먹을 수 있다'에 대한 뒷받침 자료로는 어떤 것이 좋을까?"

"매운맛이 아이들에게 좋지 않다는 자료를 찾아볼 거예요."

자신의 의견을 씩씩하게 말하는 민서가 기특합니다.

조사가 먼저 끝난 팀이 할 일을 찾지 못해 웅성거립니다. 먼저 끝난 팀에겐 상대 팀에서 나올만한 주장을 떠올리고 반박을 준비해 보라고 팁을 줍니다.

"토론 시작할 준비 되었나요?"

대답하는 아이들의 목소리에 자신감이 넘칩니다.

"짜장면 팀부터 주장을 펼쳐볼게요."

"우리 팀은 짜장면을 먹어야 한다고 생각합니다. 첫째, 짜장면은 우리나라 사람들이 가장 좋아하는 중국 음식이기 때문입니다. 한국갤럽의 조사에 따르면 전국 만 13세 이상 남녀 1700명 중 46%가 짜장면을 좋아한다고 답하였습니다. 짬뽕을 선택한 사람은 21%입니다. 따라서 짜장면과 짬뽕 중 짜장면을 먹는 것이 더 많은 사람을 만족시킬 수 있습니다. 둘째, ……."

짜장면 팀의 입안자 민준이가 씩씩하게 주장을 발표합니다. 짬뽕 팀

친구들은 반박을 위해 열심히 메모합니다. 메모 수업 시간에 울며 겨자 먹기로 받아 적던 아이들이 맞나 싶습니다.

짬뽕 팀의 입안은 발표 왕 기정이입니다.

"우리 팀은 짬뽕을 먹어야 한다고 생각합니다. 첫째, 짬뽕은 짜장면에 비해 건강에 이롭습니다. 짬뽕은 몸에 좋은 제철 채소와 해산물이 많이 들어갑니다. 또한 짬뽕 한 그릇의 칼로리는 680kcal, 짜장면 한 그릇의 칼로리는 797kcal로 짜장면에 비해 칼로리도 낮습니다. 둘째, ……."

짬뽕 팀의 근거도 만만치 않습니다.

디베이트 토론에서는 바로 반박을 시작하겠지만, 놀이 토론인 만큼 학생들에게 반박을 위한 준비 시간을 추가로 줍니다. 혹시나 상대 팀에게 정보가 새어 나갈까 작은 목소리로 협의하는 아이들이 기특합니다.

"반박은 짬뽕 팀부터 시작해 볼까요?"

"짜장면 팀은 첫 번째 근거로 짜장면이 우리나라 사람들이 가장 좋아하는 중국 음식이라고 하였습니다. 하지만 조사에 참여한 인원은 1700명으로 우리나라 전체 인구의 0.003% 수준입니다. 0.003%로 우리나라 전체 인구를 대표할 수는 없다고 생각합니다. 두 번째 근거로 제시한 ……."

짜장면 팀의 반박이 이어집니다.

"짬뽕 팀에서는 짬뽕이 짜장면에 비해 건강에 좋고, 칼로리가 낮다고 했습니다. 하지만 짬뽕의 나트륨 함량은 4,000mg으로, 하루 권장량 2,000mg을 훌쩍 넘습니다. 짜장면의 나트륨 함량은 2,391mg으로 짬뽕의 반 정도밖에 되지 않습니다. 나트륨은 건강에 좋지 않은 것이므로 짬뽕이 건강에 좋다는 것에 동의할 수 없습니다. 짬뽕 팀의 두 번째 근거인 ……."

상대 팀의 발표를 듣던 아이들은 반박을 하고 싶어 엉덩이가 들썩거립니다. 친구의 의견을 끝까지 듣도록 신호를 줍니다.

이번 시간에는 주장 다지기와 판정하기는 하지 않습니다. 시간의 제약도 있지만, 수업의 목표가 생활 속에서 있을 법한 토론의 상황을 경험해 보는 것이므로 가볍게 마무리 지었습니다.

"이번 토론을 통해 알게 된 점, 느낀 점, 앞으로 적용하고 싶은 점을 이야기해 볼까요?"

"우리 생활 속에서도 이미 토론을 하고 있었다는 사실을 알았어요."

"짬뽕 팀의 의견에 반박할 내용이 하나 더 떠올랐는데 말하지 못해서 아쉬워요."

"친구와 생각이 다를 때 이번 토론을 떠올리며 이야기해야겠어요."

한 시간 동안의 수업을 통해 아이들이 부쩍 자란 것이 느껴집니다.

쉬는 시간이 되면 선생님에게 수다를 늘어놓는 소망이가 저에게 다가옵니다. 소망이는 친구들과 대화하는 것에 서툴러 마음이 쓰이는 아이입니다.

"선생님, 애들이랑 짜장면, 짬뽕 이야기하는 것 너무 재밌었어요."

"그랬구나."

"누구는 짜장면이 더 싸다고 하고, 누구는 가격은 사장님 마음이라고 하는데 그게 너무 웃겼어요. 매일 이렇게 토론하고 싶어요."

친구들과의 대화가 재밌었다는, 그것도 토론이 재미있었다는 그 말이 기특합니다. 소망이를 위해서 토론을 자꾸만 하고 싶어집니다.

짜장면 vs 짬뽕 교수학습안

단계	교수·학습 활동	자료(□) 및 유의점(※)
도입	〈짜장면 대 짬뽕〉 토론을 해 봅시다. ◎ 학습활동 안내하기 〈활동1〉 입장 정하기 및 근거자료 준비하기 〈활동2〉 짜장면 대 짬뽕 토론하기	
전개	〈활동1〉 입장 정하기 및 근거자료 준비하기 ◎ 짜장면과 짬뽕 중 더 좋아하는 음식은 무엇인가요? ◎ 짜장면과 짬뽕팀을 나누어 봅시다. ◎ 짜장면과 짬뽕을 비교할 때 고려해야 할 요소에는 어떤 것이 있을까요? 근거자료를 준비해 봅시다. 예) 가격, 영양소, 맛, 맵기, 재료, 국물, 칼로리, 안전사고, 다른 음식과의 조화 **짜장면** · 한국갤럽의 조사에 따르면 1,700명에게 가장 좋아하는 중국 음식을 선택하게 했을 때 짜장면은 46%, 짬뽕은 21%가 선택했다. · 짜장면의 면은 탄수화물, 돼지고기는 단백질이다. · 짜장면의 나트륨 함량은 하루 권장량 2,000mg을 훌쩍 넘는 2,391mg이다. · 짜장면 한 그릇의 열량은 797kcal이다. **짬뽕** · 짬뽕에는 제철 채소와 해산물이 많이 들어가며, 고추기름과 고춧가루를 넣어서 매콤한 맛을 낸다. · 짬뽕의 나트륨 함량은 4,000mg이다. 이는 짜장면보다 더 높은 편이다. 나트륨은 당뇨병이나 심혈관질환이 있는 사람이 먹어서는 안 된다. · 짬뽕 한 그릇의 열량은 680kcal이다. 〈활동2〉 밸런스 게임 놀이하기 ◎ 찬성팀/반대팀의 주장을 펼쳐봅시다. ◎ 상대방의 주장에 대해 반박해 봅시다.	① 입장 정하기 도구 ※ 짜장면과 짬뽕으로 팀을 나눌 때 적절한 인원으로 나뉘지 않는 경우 뽑기통, 가위바위보 등을 활용하여 팀을 결정한다. ② 태블릿PC ※ 디베이트 토론 순서를 모두 지키기 어려울 때는 상황에 알맞게 조절하여 사용한다. ③ 토론 활동지 (기록용)
정리	◎ 또 다른 생활 속 선택의 문제에는 어떤 것이 있을까요? ◎ 〈짜장면 vs 짬뽕〉 토론 소감 나누기	

08 떡볶이의 짝꿍은?

《떡볶이의 짝꿍은?》은 학생들에게 친숙한 분식을 활용한 놀이 토론입니다. 떡볶이와 어울리는 음식 한 가지를 골라 논리적으로 주장하는 것이 목표입니다. 스토리텔링에 제시한 순대와 튀김은 아이들에게 익숙한 소재이기 때문에 근거 자료를 미리 준비하지 않아도 논리적인 말하기 연습이 가능합니다.

토론 수업을 할 때 주제에 대해 고민하는 선생님이 꽤 많습니다. 어떤 주제는 근거 찾기가 너무 어려울 것 같고, 어떤 주제는 아이들이 아무 말도 못 할 것 같습니다. 아이들의 동기도 불러일으키면서, 근거도 쉽게 떠올릴 수 있는 주제는 무엇일까요? 경험을 바탕으로 팁을 드리면 음식만큼 아이들의 좋아하는 주제가 또 없습니다. 유일한 단점이라고 한다면 토론 내내 배고픔을 이야기하는 아이가 생기지만 그마저도 토론 수업을 즐겁게 하는 양념이 됩니다.

저는 이 수업을 저·중학년 토론 동아리를 맡고 계신 선생님께 추천합니다. 토론에 익숙하지 않은 아이들도 경험을 바탕으로 근거를 제시하며 논리적인 말하기 능력을 기를 수 있습니다. 물론 고학년도 몸풀기 토론용으로 충분히 활용할 수 있습니다.

수업 속으로

"선생님, 놀이토론 시간에 뭘 할 거예요?"
아침부터 토론 수업을 기다리던 아이들이 참지 못하고 질문합니다.
"오늘은 우리 떡볶이 이야기를 해 볼까요?"
이야기는 언제나 아이들을 즐겁게 만드는 보물 상자입니다.
"지수와 민영이가 분식집에서 떡볶이를 먹기로 했어요. 분식집에 도착한 두 친구에게는 떡볶이와 다른 음식 한 가지를 시킬 만큼의 돈밖에 없었어요. 지수는 떡볶이에는 순대가 어울린다고 하고, 민영이는 튀김이 더 어울린다고 했어요. 여러분은 순대와 튀김 중 떡볶이에 더 잘 어울리는 음식은 무엇이라고 생각하나요?"
"저는 순대에요!"
"당연히 튀김이지, 튀김!"
자신이 좋아하는 음식을 목청껏 소리칩니다.
"튀김과 순대 아래에 이름을 붙여 봅시다."
칠판에 튀김과 순대 사진을 준비해 두고, 그 밑에 자석으로 된 이름표를 붙이게 합니다. 처음 생각을 표시해 두면 토론 후 생각의 변화를 살펴볼 수 있습니다.

눈치싸움이 시작됩니다. 친구 따라 선택하는 아이들도 더러 있습니다. 결과를 보니, 튀김을 선택한 학생이 조금 더 많습니다. 튀김을 선택한 아이들은 벌써 토론에서 이긴 듯 환호합니다.
"선생님, 튀김이 더 많은데 순대가 불리한 거 아니에요?"

"생활 속에선 선택이 정확히 반으로 나뉘는 경우가 잘 없지요. 그래서 오늘은 여러분의 선택을 존중할게요. 때론 여러 사람의 의견보다 한 사람의 번뜩이는 아이디어가 도움이 될 때가 있어요. 순대 팀의 멋진 의견을 기대할게요."

아이들에게 메모할 수 있는 활동지를 나누어 줍니다.

"내가 선택한 음식이 더 좋은 이유를 세 가지 적어봅시다."

금세 적은 아이들은 친구들의 의견이 궁금해 두리번거립니다. 한두 개에서 막힌 아이들에게도 괜찮다고 이야기해 줍니다.

"먼저 짝과 함께 무릎 대화를 해 볼게요."

무릎 대화는 짝과 무릎을 맞대고 이야기 나누는 활동입니다. 얼굴을 마주 보는 것보다 무릎을 맞대는 것이 눈을 마주치며 대화하는 데 효과적입니다.

"튀김은 바삭바삭하잖아. 바삭한 튀김을 떡볶이에 찍어 먹으면 얼마나 맛있는데!"

"순대는 건강에 좋아. 순대는 쪄서 먹잖아."

익숙한 주제를 선택하니 3학년이지만 곧잘 이야기합니다. 평상시 대화를 잘 하지 않던 아이도 순대와 튀김에 대해서 한마디씩은 다 합니다.

"이번에는 모둠 친구와 이야기 나누어 봅니다."

"나는 튀김이 순대보다 더 비싸니까 순대를 먹어야 한다고 생각해."

"야, 그건 아니지. 우리 동네는 순대가 더 비싸."

"선생님, 튀김 얼만지 검색해 봐도 돼요?"

3학년 수업에서는 근거 자료까지 활용하지 않으려 하지만 아이들에게 필요다고 생각하는 경우에는 허용하기도 합니다. 딱딱한 규칙에 얽매이지 않고 최대한 많은 아이들이 자신의 생각을 말하게 하는 것이 이번 놀이토론의 목표입니다.

"야, 맞잖아. 튀김이 순대보다 더 비싸잖아."

"아니야. 네가 검색한 건 모둠 튀김이잖아. 나는 먹고 싶은 것만 주문하기 때문에 순대가 더 비싸."

교실이 소란해집니다. 토론 수업만큼은 소란스러워도 이해합니다.

"지금부터 교실을 돌아다니며 반 친구들을 만나 이야기해 볼게요."

"나는 튀김을 골랐어. 순대는 하나지만 튀김은 여러 종류를 입맛대로 먹을 수 있어."

"순대도 피순대, 찹쌀순대, 오징어순대…. 종류가 얼마나 많은데. 순대는 허파나 간도 나온다고."

"생각보다 순대도 종류가 많네. 그건 몰랐네."

아이들은 친구들을 만나며 생각하지 못했던 근거를 얻게 됩니다. 친구들을 만나면 만날수록 아이들의 근거 상자는 가득 차게 됩니다.

"아, 배고파. 오늘 급식에 순대 안 나오나?"

음식 수업에서 빠질 수 없는 배고픈 아이입니다. 배고픈 시간에 떡볶이, 튀김, 순대에 관해 이야기하니 그럴 것도 당연합니다. 수업 주제에 관심을 보이는 것이 기특하여 웃으며 넘어갑니다.

"자, 이제 자리로 돌아와 볼까요?"

아직도 할 말이 남았는지 아쉬움이 가득한 얼굴로 자리에 앉습니다.

"지금부터 자유 토론을 시작해 볼게요."

자유 토론은 찬성과 반대도, 입안과 반박의 순서도 정해지지 않은 우리 반만의 토론 규칙입니다. 발표한 아이는 다음 친구를 지목합니다. 교사는 토론에 참여하지 않지만, 한쪽 팀의 의견이 계속되거나 말꼬리 잡기가 심해지면 중재하는 역할을 맡습니다.

"튀김은 바삭바삭한 식감이 기분 좋습니다. 떵개떵이라는 유튜버가 찍은 튀김 ASMR의 조회수가 엄청 높습니다. 이것을 보면 사람들이 튀김의 바삭함을 좋아하는 것을 알 수 있습니다."

한나가 다음 발표로 정은이를 지목합니다.

"순대의 쫄깃쫄깃함을 활용한 ASMR도 있습니다. 바삭한 것을 좋아하는 사람도 쫄깃한 것을 좋아하는 사람도 있습니다."

역시 요즘 아이들이라는 생각이 듭니다. 유튜버가 근거로 등장할지는 예상치 못했던 터라 이 근거를 인정해주어야 할지 고민이 됩니다. 하지

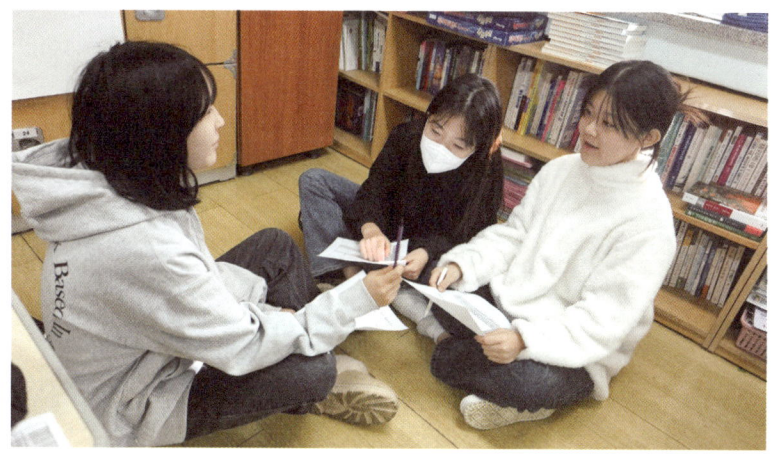

만 오늘은 생활 속 선택의 상황이니 중재는 하지 않습니다.

"튀김은 미리 튀겨놓아서 식어 있습니다. 하지만 순대는 찜통에 들어 있기 때문에 따뜻하게 먹을 수 있습니다."

"학교 앞에 있는 ○○분식은 부탁드리면 한 번 더 튀겨줍니다."

아이들의 발표는 끝없이 이어집니다. 토론에 불이 붙은 아이들은 상대 팀이 의견을 제시할 때마다 다음 반박을 찾아 손을 번쩍 듭니다.

"오늘 토론은 여기까지 할게요."

아이들의 표정에 아쉬움이 가득합니다.

"아쉽지만 다음번에 더 재미있는 놀이토론을 하도록 해요. 순대와 튀김 토론을 하며 처음과 생각이 바뀐 친구들은 이름표를 옮겨 봅시다."

서너 명의 아이가 앞으로 나와 이름표를 옮깁니다. 분식은 기호식품이니 생각의 변화가 크지 않습니다. 질문을 추가해 봅니다.

"상대 팀의 의견 중 인상적이었던 의견은 무엇이었나요?"

"튀김은 종류가 다양하여서 여러 사람이 입맛을 맞출 수 있어요."

"상준이는 중국에서 들어온 순대에서 해로운 바이러스가 발견되었다는 뉴스를 본 적이 있대요. 그래서 저도 튀김으로 바꿨어요."

무릎 대화, 모둠 대화, 전체 대화를 거치면서 아이들의 근거 상자가 가득 찼습니다. 이것만 해도 이번 수업의 목표는 달성입니다. 제가 생각하는 초등 토론 수업의 목표 세 가지는 '사소한 선택에도 다양한 근거가 존재할 수 있다는 것 알기, 친구의 의견을 경청하고 나의 의견을 논리적으로 제시하기, 토론을 좋아하기'이기 때문입니다.

떡볶이의 짝꿍은? 교수학습안

단계	교수·학습 활동	자료(□) 및 유의점(※)
도입	〈떡볶이의 짝꿍은?〉 토론을 해 봅시다. ◎ 학습활동 안내하기 〈활동1〉 무릎 대화하기 〈활동2〉 모둠 대화하기 〈활동3〉 전체 대화하기	
전개	〈활동1〉 무릎 대화하기 ◎ 이야기를 듣고 입장을 정해 봅시다. 지수와 민영이는 분식집에서 떡볶이를 먹기로 하였습니다. 분식집에 도착한 두 친구에게는 떡볶이와 다른 음식 한 가지를 시킬 만큼의 돈만 있습니다. 지수는 떡볶이에는 순대가 어울린다고 이야기하고, 민영이는 튀김이 더 어울린다고 이야기하였습니다. 여러분은 어떻게 생각하나요? 순대와 튀김 중 떡볶이에 더 잘 어울리는 음식은 무엇인가요? 그렇게 생각한 이유는 무엇인가요? ◎ 짝과 무릎 대화를 해 봅시다. 〈활동2〉 모둠 대화하기 ◎ 모둠 대화를 해 봅시다. | 순대	튀김 | |---|---| | ·허파, 간 등 돼지 부속 음식을 먹을 수 있다. ·증기에 쪄서 조리한다. ·순대 속은 당면으로 대부분 탄수화물이다. ·피순대, 오징어순대 등 다양한 종류가 있다. | ·바삭바삭한 식감을 즐길 수 있다. ·트랜스지방이 포함되어 건강에 좋지 않다. ·기름에 튀겨 조리한다. ·재료에 따라 다양한 종류가 있다. | 〈활동3〉 전체 대화하기 ◎ 〈떡볶이의 짝꿍은?〉 자유토론을 해 봅시다.	□ 순대와 튀김 사진, 이름표 ※학년에 따라 근거자료의 준비 여부를 결정한다. ※디베이트 토론 방식을 모두 지키기 어려우므로 알맞게 조절하여 사용한다.
정리	◎ 〈떡볶이의 짝꿍은?〉 토론 소감 나누기	

09 동서남북 토론 놀이

《동서남북 토론 놀이》는 동서남북 종이접기를 활용한 놀이 토론입니다. 이 토론의 목표는 찬성과 반대 입장 모두의 근거를 최대한 많이 떠올리게 하는 것입니다. 자신이 고른 방위와 횟수에 따라 기호와 상관없이 찬성 또는 반대의 근거를 제시해야 합니다. 따라서 학생들은 찬성과 반대 근거를 모두 준비해 두어야 합니다.

토론 수업을 하다 보면 학생들이 찬성과 반대 중 한쪽의 입장만을 주장하게 되는 경우가 많습니다. 하지만 근거의 질을 높이고, 반박에 논리적으로 대응하려면 상대방의 근거를 떠올려 보는 과정이 필요합니다. 〈동서남북 토론 놀이〉는 자연스럽게 찬반 입장을 모두 고려하므로 토론 기초 훈련에도 효과적입니다.

《동서남북 토론 놀이》의 또 다른 특징은 말하기로 수업을 시작하지 않는다는 점입니다. 학생들이 토론 동아리를 힘들어하는 이유 중 하나는 말하기가 부담스럽기 때문입니다. 《동서남북 토론 놀이》는 가벼운 종이접기로 수업을 시작하니 학생들의 긴장을 낮추고 수업에 대한 흥미를 유발하는 효과가 있습니다.

수업 속으로

색종이 상자를 들고 있으니 아이들이 참지 못하고 질문합니다.

"선생님, 놀이 토론 시간에 종이접기 할 거예요?"

"맞아요, 오늘은 동서남북 종이접기를 활용한 토론을 할 거예요. 먼저 동서남북을 접어보아요."

동서남북 접기는 어렵지 않아 4학년도 곧잘 합니다. 완성된 동서남북의 4분면에는 '동, 서, 남, 북'을, 8분면에는 '찬성, 반대'를 번갈아가며 적습니다.

"놀이 규칙을 알려줄게요. 첫째, 짝과 공격과 수비를 정합니다. 둘째, 공격을 맡은 친구는 수비에게 원하는 방위와 횟수를 이야기합니다. 셋째, 수비의 동서남북에서 나오는 찬성/반대에 따라 공격 학생이 토론 주제에 대한 근거를 이야기합니다. 이때 적절한 근거를 이야기하면 공격 친구가, 이야기하지 못하면 수비 친구가 점수를 얻습니다. 공격과 수비는 한 번씩 번갈아 가며 진행합니다."

"공격이 근거를 이야기하는 거라고?"

말로만 들으니 이해하지 못한 아이들이 보입니다.

"연습 게임을 해 볼게요. 짝과 누구부터 공격할 것인지 정해보아요."

"가위바위보로 정하자."

"나는 규칙을 이해 못 했어. 너부터 공격해."

다양한 방법으로 공격과 수비를 정합니다.

"연습 게임의 토론 주제는 〈학생은 공부를 해야 한다〉입니다. 찬성과 반대 근거를 생각나는 대로 떠올려 봅시다."

놀이를 시작하기 전 근거에 대해 고민할 시간을 줍니다.

"공격 친구가 짝에게 방위와 횟수를 이야기해 봅시다."

"동으로 세 번!"

"하나, 둘, 셋. 찬성이야."

"학생은 공부를 해야 해. 왜냐하면 공부를 통해 지식을 늘릴 수 있고 시험에서도 좋은 성적을 거둘 수 있기 때문이야."

민호에서 예지로 공격이 넘어갑니다.

"민호야, 난 서로 다섯 번!"

"하나, 둘, 셋, 넷, 다섯. 이번엔 반대야."

"학생은 공부를 하지 않아도 돼. 과도한 공부로 인한 스트레스는 학생들의 건강에 좋지 않아. 스트레스로 건강 문제를 겪고 있는 학생에 대해 뉴스에서 본 적이 있어."

평소엔 발표를 잘 하지 않는 소원이도 놀이에는 적극적입니다.

"건아, 나는 북으로 열셋!"

"아, 왜 이렇게 크게 불러. 하나, 둘, 셋, 넷…."

짝, 홀 요령이라도 피울만한데 하나둘 빼지도 않고 열심히 셉니다.

"…열둘, 열셋! 반대야, 반대."

"학생은 공부를 하지 않아도 돼. 모든 아이가 책을 통해서만 배우는 것은 아니야. 어떤 아이들은 경험을 통해 더 잘 배우기도 해."

"동으로 하나!"

"하나? 찬성이야."

"공부를 통해 배우는 것은 어른이 되어서 직업을 구할 때도 도움이 돼. 시험을 잘 쳐서 좋은 대학을 갈 수도 있고, 공부를 통해 직업에 필요한 전문성을 기를 수도 있어."

아이들이 놀이에 익숙해질 때까지 충분히 시간을 줍니다. 근거가 다소 부족하더라도 놀이 토론이니 여유롭게 인정해 줍니다. 네다섯 번 정도 공격과 수비가 이어지면 승패가 보입니다. 경쟁이 심해지는 것을 예방하기 위해, 이긴 친구에게 따로 보상은 하지 않습니다.

"이제 놀이가 익숙해졌나요? 오늘의 본격적인 토론 주제는 〈초등학생에게 스마트폰은 필요하다〉입니다. 여러분은 초등학생의 스마트폰 사용에 대해 어떻게 생각하나요?"

스마트폰 없이는 살 수 없다는 재관이가 손을 번쩍 듭니다.

"초등학생에게 스마트폰은 꼭 필요합니다. 스마트폰으로 게임을 하며 스트레스를 풀 수 있기 때문입니다."

"에이, 그건 아니지. 스마트폰 게임 중독이 얼마나 위험한데."

창희가 앉은 채로 말합니다.

"생각을 말할 때는 손을 들고 차례를 지켜야 해요. 그리고 상대의 기분을 배려하며 이야기하도록 해요. 시우 발표해 볼까요?"

"저는 스마트폰이 필요하지 않다고 생각해요. 스마트폰을 많이 사용하면 눈이 나빠지고, 수면에도 방해가 되어요. 저도 스마트폰을 보다가 잠을 못 자서 학교에서 졸았던 경험이 있어요."

"저는 스마트폰이 필요하다고 생각해요. 친구들은 다 가지고 있는데 저만 없으면 친구들이 놀아주지 않잖아요."

평상시에도 발표를 많이 하는 학생 몇 명이 이야기하고 나니 남은 친구들은 서로 눈치만 봅니다.

"근거를 떠올리기 쉬웠나요?"

"아니요. 스마트폰은 필요한데 이유를 설명하기가 어려워요."

"동서남북 토론에서는 근거가 많을수록 유리해요. 지금부터 모둠원과 이야기하며 근거를 더 모아봐요."

금세 교실이 시끌벅적해집니다. 주장이 통하지 않자 점점 목소리가 커지는 아이, 친구를 설득하기 위해 미간까지 찌푸리며 열변을 토하는 아이까지. 이미 근거 모으기 활동은 작은 토론이 되어 있습니다.

"선생님, 영란이가 스마트폰은 공부에 필요하다고 하는데 이거 맞는 거예요? 스마트폰은 공부에 방해가 되잖아요."

"영란이는 스마트폰을 활용해 공부해본 경험이 있나요?"

"영어 공부를 스마트폰으로 하는데 제가 발음하면 얼마나 정확한지 확인도 해 주고, 게임처럼 단어 공부를 할 수도 있어요."

"영란이의 구체적인 경험이 좋은 근거가 될 수 있겠는걸?"

동서남북 놀이는 규칙이 간단해 아이들이 선생님을 잘 찾지 않습니다. 그래서 아이들의 대화를 주의 깊게 듣고 평가를 하거나, 도움을 요청할 때는 판정단이 되어주기도 합니다. 놀이 토론이니 근거 찾기를 어려워하는 아이는 살짝 도와주기도 합니다.

"자, 근거가 어느 정도 모였나요? 먼저 짝과 함께 놀이를 하고, 다음엔 모둠원이 함께 놀이를 해서 우리 모둠 토론왕을 뽑아 볼게요."

짝과 함께 놀이를 시작합니다. 근거 모으기 시간을 가졌기 때문에 아이들의 토론이 생각보다 잘 이어집니다.

"으악, 선생님. 지금 네 번째 반대에요. 찬성은 할 말이 있는데 반대는 할 말이 없어요."

동서남북 놀이의 재미는 여기에 있습니다. 자신이 어느 쪽을 말하게 될지 모른다는 사실이 아이들에게 두근거림과 기쁨, 때로는 실망을 안겨주며 놀이에 긴장을 더합니다.

"이번엔 모둠원과 함께 놀이해 볼게요. 모둠 1번 친구가 공격, 2번 친구가 수비, 다음엔 2번 친구가 공격, 3번 친구가 수비를 해요. 근거를 말하지 못하는 친구가 나오면 그 친구를 제외한 나머지 친구가 다시 놀이를 반복합니다. 탈락한 친구는 다른 친구의 의견을 판단해주는 판정단 역할을 해 주세요. 마지막에 남은 친구가 우리 모둠의 토론왕이 됩니다."

모둠 놀이가 시작되었습니다. 근거 모으기와 짝 놀이에서 모은 근거를 활용하니 한 바퀴는 금세 지나갑니다. 두 바퀴, 세 바퀴···. 모둠별 토론왕이 결정됩니다.

"토론왕은 앞으로 나와서 한 줄로 서 주세요."

한 줄로 선 토론왕 친구들의 표정이 초조해집니다. 방금 전 놀이의 상대였던 모둠 친구들이 이번에는 가장 큰 응원단이 됩니다.

"1모둠 지안이부터 시작할게요."

"시완아, 북으로 둘!"

"반대야, 반대."

"스마트폰은 필요하지 않습니다. 스마트폰은 개인 정보 유출이나 사생활 침해의 위험이 있기 때문입니다."

시완이 차례입니다.

"도겸아, 서로 여섯!"

"찬성이야."

"초등학생에게 스마트폰은 필요합니다. 스마트폰은 긴급 상황에서 도움을 요청하거나 길 찾기와 같은 기능을 활용할 수 있어 안전에 도움이 됩니다."

토론왕들의 대결이 치열하게 이어집니다. 몇 번의 경기가 이어지고 1모둠 지안이가 최종 토론왕이 되었습니다.

"오늘은 동서남북을 활용한 놀이 토론을 해 보았어요. 놀이에 참여한 소감을 이야기해 봅시다."

"친구들과 이야기하니 생각하지 못했던 근거도 떠올릴 수 있었어요."

"스마트폰에 대한 찬성과 반대 입장이 모두 설득력 있었어요."

"스마트폰의 단점을 극복할 방법에 대해 생각해 보아야겠어요."

아이들 소감을 두루 들어주다 보니 이미 쉬는 시간이 몇 분 지나 있습니다. 몇 분 남지 않은 쉬는 시간인데도 삼삼오오 모여 동서남북 토론 놀이를 하는 아이들이 많습니다. 좋아하는 아이돌과 관련된 주제를 떠올려 토론을 하는 아이들도 있습니다. 동서남북 하나면 토론이 아이들의 삶 속에 녹아듭니다. 다음 시간엔 또 어떤 놀이를 해 볼지 벌써 설렙니다.

동서남북 토론 놀이 교수학습안

단계	교수·학습 활동	자료(囗) 및 유의점(※)
도입	〈동서남북 토론 놀이〉를 해 봅시다. ◎ 학습활동 안내하기 〈활동1〉 놀이 방법 익히기 〈활동2〉 동서남북 토론 놀이하기	
전개	〈활동1〉 놀이 방법 익히기 ◎ 동서남북 토론 놀이 방법을 알아봅시다. ① 동서남북 종이를 접고, 안쪽 모서리에 찬성과 반대를 번갈아 가며 적습니다. ② 먼저 대답하는 친구부터 교사가 제시하는 토론 주제를 듣고, 동서남북 종이를 든 짝에게 원하는 방위와 횟수를 이야기합니다. ③ 동서남북에서 나오는 찬성/반대에 따라 토론 주제에 대한 근거를 이야기합니다. 이때, 적절한 근거를 이야기하는 친구가 점수를 얻습니다. ④ 찬성/반대에 해당하는 근거를 제시하지 못하거나, 근거가 적절하지 않은 경우 상대편 친구가 점수를 얻습니다. ◎ 동서남북 토론 놀이를 연습해 봅시다. 〈활동2〉 동서남북 토론 놀이하기 ◎ 〈초등학생에게 스마트폰은 필요하다〉에 대해 모둠원과 동서남북 토론 놀이를 해 봅시다. | 찬성	반대 | |---|---| | · 학습 앱과 온라인 학습 자료 활용 · 친구나 가족과 연락할 수 있는 수단 · 소셜 미디어를 통해 사회적 관계를 유지 | · 학업 집중력 저하 · 게임이나 소셜 미디어 중독 유발 · 개인 정보 유출과 사생활 침해 · 사이버 폭력의 위험성 증가 |	1 색종이 ※토론 시간이 부족한 경우에는 동서남북 종이접기는 아침 시간 또는 과제로 제시한다. ※저·중학년의 경우에는 근거 모으기 시간을 충분히 주도록 한다.
정리	◎ 인상 깊었던 의견을 이야기해 봅시다. ◎ 〈동서남북 토론 놀이〉 소감 나누기	

10 말꼬리 잡기 놀이

《말꼬리 잡기 질문 놀이》는 본격적인 토론에 앞서 주장에 대한 근거 만들기와 상대방의 주장에 반박하는 방법을 배우기 위한 활동입니다.

놀이 활동 순서는 첫째로 토론 주제를 제시하고 짝과 가위바위보를 해 수비와 공격으로 나눕니다. 수비하는 학생은 토론 주제에 대한 입장을 말하고 공격하는 학생은 반박하는 질문을 합니다. 수비하는 학생은 공격하는 학생에 대해 논리적인 근거를 들어 반박합니다. 이를 여러 차례 반복합니다. 승패는 공격하는 친구가 적절한 질문을 못하거나 수비하는 친구의 근거가 적절하지 못한 경우 상대편 선수가 점수를 얻게 됩니다. 4인 모둠 기준으로 공격 1명, 수비 1명, 심판 2명으로 구성하면 됩니다.

이 활동은 '휴대폰은 공부에 방해가 된다.'와 같은 가벼운 주제로 선정하는 것이 좋습니다. 말꼬리 잡기 놀이를 할 때 유의할 점은 자칫 논리적인 반박을 하는 것이 아니라 상대방의 근거에 대해 아니라고 우기는 것을 조심해야 합니다. 교사의 적절한 개입으로 논리적인 반박이 중요하다는 사실을 강조해야 합니다. 놀이의 목적이 주장에 대한 근거 만들기와 반박의 방법을 배우기 위한 활동이란 것을 알려줘야 합니다.

수업 속으로

"얘들아, 토론할 때 뭐가 중요할까요?"

"근거가 중요해요. 상대방 의견을 반박하는 것도 중요하고요."

"그래서 오늘은 주장에 대한 근거 만들기와 반박의 방법을 놀이로 배울 거예요."

"좋아요."

아이들이 좋아합니다.

"지금부터 여러분과 말꼬리 잡기 놀이를 할 거예요."

"어떻게 하는 거예요?"

"먼저 수비와 공격으로 나눌 거예요. 수비하는 학생이 토론 주제에 대한 입장을 먼저 말하고, 공격하는 학생은 그에 대해 반박하는 질문을 할 거예요. 이때 수비하는 학생은 공격하는 학생에 대해 논리적인 근거를 들어 반박해야 해요. 끝나고 나면 수비와 공격의 입장을 바꾸어 다시 한 번 진행해요."

"언제까지 해요?"

학생이 질문합니다.

"공격하는 친구가 적절한 질문을 못하거나 수비하는 친구의 근거가 적절하지 못할 때 놀이가 끝나는 거예요."

"한 번 해봐요."

어서 하고 싶다는 아이들에게 〈휴대폰은 공부에 방해가 된다.〉라는 주제를 제시했습니다.

"나는 수비해야지."

"수비가 무조건 이기는 거네."

수비와 공격은 가위바위보로 정하였습니다. 공격을 맡은 학생이 한숨을 쉬고, 수비를 맡은 학생은 득의양양해하며 토론이 시작됩니다.

"휴대폰은 공부에 방해가 됩니다."

"왜 휴대폰이 공부에 방해가 된다고 생각합니까?"

"휴대폰은 공부할 때 게임을 생각나게 하고 틱톡도 하고 싶게 만들기 때문입니다."

"게임을 하는 것과 틱톡을 하는 것이 공부에 방해가 되는 것입니까?"

"그걸 하는 것이 공부에 방해가 되는 것이 아니라 공부 시간에도 자꾸

하게 되는 것이 문제입니다."

"그러면 사용시간을 정해놓고 휴대폰을 사용하면 어떻게 됩니까?"

"부모님과 사용시간을 정해놓더라도 그것을 어기고 계속 휴대폰을 하는 경우가 많습니다."

"그러면 사용시간을 제한하는 휴대폰 앱을 설치하여 강제로 휴대폰을 못하게 하면 됩니다."

"강제로 끄게 하면 오히려 휴대폰을 더 하고 싶어서 공부에 집중을 못할 것입니다."

수비가 먼저 주제에 대한 입장을 말하고 공격하는 학생들이 그에 대한 반박하는 질문을 했습니다. 공격과 수비를 번갈아 가면서 이야기하다 공격하는 친구가 더 이상 적절한 질문을 하지 못했습니다.

"역시 수비가 유리해." 몇몇 학생이 저희들끼리 말합니다. 이어 심판들은 수비가 이겼다고 판정했습니다.

공격을 맡은 아이의 얼굴이 시무룩해집니다. 교사가 나설 차례입니다.

"선생님이 봤을 때 수비하는 친구가 이기긴 했는데 공격하는 친구도 잘했다고 생각해. 휴대폰을 강제로 끄게 하면 된다고 근거를 말한 것이 좋았어. 실제로 내 휴대폰에도 강제로 못하게 하는 앱이 있거든."

양측의 주장에 대해 구체적인 근거를 들며 칭찬을 해주어야 합니다.

첫 번째 토론에서 나왔던 근거에 대해 확산적 질문을 한 번 더 던져 봅니다.

"휴대폰을 강제로 끄지 않고 스스로 그만하게 할 수 있는 방법은 뭐가 있을까? 한 번 이야기해 볼래?"

"부모님께서 시간을 정하지 말고 우리가 시간을 정해놓고 사용하게 하면 어떨까요?"

"시간을 너무 많이 정해서 혼날 것 같은데?"

"그러니까 처음에 정한 시간에서 사용 시간을 조금씩 줄이는 거지."

질문을 보며 아이들이 근거에 대해 깊이 생각합니다.

첫 번째 토론을 통해 방법을 익힌 학생들은 처음보다 능숙하게 토론합니다.

"휴대폰은 공부에 방해가 됩니다."

"왜 휴대폰이 공부에 방해가 된다고 생각합니까?"

"유튜브나 인스타그램에는 공부에 방해되는 좋지 않은 영상이나 글이 너무 많습니다."

"좋지 않은 영상은 뭐가 있습니까?"

"좀비 영상이나 총 게임, 폭력 영상이 너무 많습니다."

아이가 폭력적으니 영상의 예를 들어 설명합니다.

"그러면 좀비 영상이나 총 게임, 폭력 영상 말고 다른 좋은 영상을 보면 되지 않습니까?"

"좋은 영상이 많이 없습니다."

"좋은 영상이 많이 없다는 말에는 동의할 수 없습니다. 공부와 관련된 영상이 많이 있습니다. 그런 영상들은 공부에 도움이 됩니다."

아이가 좋은 영상을 공부에 도움이 된다고 합니다.

"내가 원하는 영상을 찾기가 어렵다는 뜻입니다."

"원하는 영상을 찾는 방법을 배우면 되지 않겠습니까?"

"영상 찾는 방법을 배울 시간에 공부하는 것이 나을 것입니다."

"영상을 찾는 방법도 공부입니다. 또 휴대폰으로 e학습터를 공부하면 많은 도움이 됩니다."

별이가 책 뿐만 아니라 영상을 통해서 배울 것이 많다고 말합니다.

"공격이 더 잘했다."
"나도 상대방의 근거에 대해 논리적으로 부족한 부분의 반박을 잘해서 공격이 더 잘했다고 생각해."

심판들도 첫 토론보다 훨씬 빨리, 승패를 더 분명하게 판정을 내렸습니다. 처음에는 무조건 수비가 유리할 것이라고 생각했던 아이들의 생각이 흔들렸습니다. 찬반의 입장을 바꾸어 두 번의 토론을 진행하면서 학생들은 한쪽만 유리한 입장은 없고, 어떤 논리를 만들어내느냐에 따라 결과가 달라진다는 것을 몸으로 느낍니다.

토론을 마무리하면서 아이들에게 질문했습니다.
"너희들이 주변에서 휴대폰으로 공부하는 사람, 본 적 있니?"
"저희 형 휴대폰으로 인강을 들으며 공부해요."
"수업시간에 태블릿PC로 수업자료 찾는 것도 똑같은 거잖아요."
"맞지, 휴대폰이 공부에 도움이 되는 부분이 있네. 그러면 첫 번째 토론에서 했던 내용까지 같이 정리해 볼까?"
"첫 번째 토론에서는 휴대폰을 강제로 끄게 하는 것보다 스스로 시간을 정할 수 있도록 하는 것이 더 좋다는 결론을 냈어요."
"두 번째 토론에서는 휴대폰을 가지고 공부에 도움이 되는 영상 및 자료 찾기를 할 수 있어서 휴대폰이 공부에 방해되지 않는다고 정리했어요."

"휴대폰을 이용해서 공부에 도움되는 자료를 찾고 사용시간을 스스로 정해서 잘 지키면 공부에 방해가 안 될 것 같아요."

아이들이 내용 정리를 하면서 말꼬리 잡기 놀이가 재미있다고 합니다. 이번에는 느낀 점을 물었습니다.

"처음에는 수비가 무조건 이기는 줄 알았는데 꼭 그런건 아니라는 걸 알았어요."

"공격인지 수비인지가 중요한 게 아니라 논리를 잘 만드는 것이 중요하다는 걸 알았어요."

"다른 주제로 또 하고 싶어요."

아이들이 토론의 재미를 느끼는 것 같아 가르치는 것이 더 신납니다.

말꼬리 잡기 놀이 놀이 교수학습안

단계	교수·학습 활동	자료(□) 및 유의점(※)
도입	〈말꼬리 잡기 놀이〉 토론을 해 봅시다. ◎ 학습활동 안내하기 〈활동1〉 말꼬리 잡기 놀이 규칙 설명하기 〈활동2〉 말꼬리 잡기 놀이 토론하기	
전개	〈활동1〉 말꼬리 잡기 놀이 규칙 설명하기 ◎ 말꼬리 잡기 질문 놀이는 본격적인 토론에 앞서 주장에 대한 근거 만들기와 상대방의 주장에 반박하는 방법을 배우기 위한 활동입니다. 놀이 순서 ① 토론 주제를 제시하고 짝과 가위바위보를 해 수비와 공격으로 나눕니다. ② 그 후 수비하는 학생이 토론 주제에 대한 입장을 말하고 공격하는 학생은 그에 대해 반박하는 질문을 합니다. ③ 수비하는 학생은 공격하는 학생에 대해 논리적인 근거를 들어 반박합니다. ④ 이를 여러 차례 반복합니다. ⑤ 승패는 공격하는 친구가 적절한 질문을 못하거나 수비하는 친구의 근거가 적절하지 못한 경우 상대편 선수가 점수를 얻게 됩니다. 〈활동2〉 말꼬리 잡기 놀이 토론하기 ◎ 토론주제에 대한 근거를 찾고 활동지에 씁니다. ◎ 모둠 안에서 말꼬리 잡기 놀이를 시작합니다. 토론 구성 예1) 4명이 한 모둠일 경우 공격 1명, 수비 1명, 심판 2명으로 구성 토론 구성 예2) 두 모둠을 한 팀으로 하여 앞 모둠 공격 2명, 수비 2명, 심판 뒷 모둠 4명으로 구성 ◎ 심판이 승패를 정합니다. ◎ 역할을 바꿔서 토론을 진행합니다. ◎ 말꼬리 잡기 놀이 결과(주장, 근거)를 정리합니다.	① 토론활동지 (기록용) ※ 주제를 제시한 다음에 근거를 정리할 시간을 제공한다. ※ 상대방의 근거에 논리적으로 반박해야 한다는 사실을 강조한다. ※ 토론의 승패에 집착하지 않도록 주의한다. ※ 심판은 승패를 정할 때 판정의 이유를 설명할 수 있도록 지도합니다.
정리	◎ 〈말꼬리 잡기 놀이〉 토론 소감 나누기	

11 주장의 빈틈을 찾아라

《주장의 빈틈을 찾아라》는 주장의 앞뒤가 맞지 않거나 억지스러운 주장을 찾는 놀이입니다. 토론에서는 얼마나 타당한 근거를 만드느냐가 중요합니다. 하지만 주장과 상관없는 근거를 들어 논리의 오류가 생깁니다. 특히 토론에서 이기기 위해 논쟁을 하다가 흥분하여 감정적으로 근거를 말하기도 합니다.

논리의 오류는 쟁점을 흐리거나 옳지 못한 판단을 할 수도 있기 때문에 토론에서 주의해야 합니다.

우리가 토론에서 자주 범할 수 있는 대표적인 오류는 인신공격의 오류, 대중에 호소하는 오류, 성급한 일반화의 오류, 흑백 논리의 오류, 동정에 호소하는 오류 등이 바로 그것입니다.

이러한 다섯 가지 대표적 오류를 배움으로써 우리는 토론 과정에서 상대측의 주장에 대해 효과적으로 반박을 할 수 있고, 우리의 주장을 더 설득력 있게 전달할 수 있습니다. 또한 우리 모두가 옳은 선택을 할 수 있다는 점에서 오류를 배우는 것은 매우 중요합니다.

수업 속으로

"오늘은 주장의 빈틈을 찾아라 놀이를 해보려고 합니다."
"주장의 빈틈을 찾아라 놀이요?"
"네. 주장의 빈틈을 찾아라 놀이는 다른 말로 논리의 오류를 찾는 놀이입니다. 논리의 오류는 무슨 뜻일까요?"
아이들에게 논리의 오류 뜻을 물었습니다.
"오류라고 하니 무슨 문제가 있다는 것 같아요. 컴퓨터를 쓰다가 이상할 때 오류가 있다고 아빠가 이야기하셨어요."
"네, 맞아요. 주장과 근거가 잘 연결되지 않는 경우를 논리의 오류라고 얘기해요. 그럼 토론에서 제일 중요한 부분은 뭘까요?"
"토론에서 제일 중요한 건 주장과 근거에요! 주장과 근거에 문제가 있다는 얘기에요."
"맞아요. 지금부터 선생님이 들려주는 이야기에서 무엇이 잘못되었는지 말해봅시다."
아이들에게 논리의 오류 개념을 설명하고 사례를 통해 오류 유형을 한 가지씩 알려줍니다. 그러면 아이들은 스스로 오류를 찾기 위해 고민합니다.

아이들에게 인신공격의 오류를 말했습니다.
"군대가산점을 주제로 한 뉴스에서 여자가 '군대가산점을 주는 것을 불공평하다'고 이야기했습니다. 그 영상에 대해 '여자가 뭘 알아?' 라는 댓글이 있었습니다. 이 댓글에 대해서 여러분들은 어떻게 생각하나요?"

"맞아요. 여자는 군대도 안 가면서 왜 인터뷰를 했는지 모르겠어요."
"여자라고 해서 군대가산점 이야기를 할 수 없다는 것은 이상해요."
"이상하기는 뭐가 이상해. 여자는 군대 안 가니까 그런 말 할 자격 없어."
"자자, 이 댓글에서 논리의 오류가 생겼습니다. 바로 '인신공격의 오류'예요. 군대가산점이라는 주제를 이야기하지 않고 말하는 사람을 공격하고 있죠."

"여자라서 군대이야기를 하면 안된다고 하니 기분이 나빴어요."
"네, 맞아요. 말하는 사람의 인격을 무시하는 발언이기 때문에 절대해서는 안 됩니다. 그럼 감정적으로 싸우게 되지요, 방금 여러분처럼요. 이 밖에 '남자니까, 뚱뚱하니까, 공부를 못하니까'와 같은 것들도 인신공격의 오류입니다."

인신공격의 오류는 감정이 격해졌을 때, 논리적으로 공격이 힘들 때 많이 나옵니다. 상대측을 비하하고 감정까지 상하게 하기 때문에 토론할 때 매우 조심할 수 있도록 지도해야 합니다. 토론에서는 철저히 주제와 주장, 근거에 대해서만 다루어야 하지, 주장하는 '사람'에 대해서는 언급하지 않도록 합니다.

이어서 대중에 호소하는 오류에 대해 이야기했습니다.
"여러분들 외계인이 있다고 믿나요?"
"네, 믿어요."
"아니요, 외계인 없어요. 있으면 벌써 지구에 왔을걸요?"
"자, 한 번 손을 들어볼까요? 외계인이 있다고 믿는 학생 손!"
20명 중에 14명의 학생들이 손을 들었습니다.
"여러분, 보세요. 14명이나 믿는다고 손 들었어요. 이렇게 많은 사람들이 믿으니까 진짜 외계인이 있는 거예요. 이 말은 문제가 없을까요?"
"선생님, 우리 반에 외계인 믿는 애들이 많은 거랑 진짜 외계인이 있는 거랑 무슨 상관이에요? 저는 없다고 생각해요."
"수미의 말이 맞아요! 이걸 바로 대중에 호소하는 오류라고 합니다. 많은 사람이 그렇다고 말하면 다 맞는 걸까요?"
논리적 이유나 근거보다는 많은 사람이 주장하는 것이 '옳다'고 말하는 것을 대중 또는 군중에 호소하는 오류라고 합니다.

커피 이야기로 시선을 끌며 성급한 일반화의 오류로 넘어갑니다.
"선생님이 어제 커피를 마시고, 오늘도 커피를 마셨어요. 그럼 내일도 커피를 마실까요?"

"네! 저도 선생님 커피 마시는 거 봤어요. 우리 엄마도 만날 커피 마셔요."

"정말? 선생님 내일 커피를 안 마시면 어떻게 하지?"

"음, 그럼 안 마시는 거 아니에요?"

"아까는 마실 거라고 대답하지 않았니?"

"내일 커피 마시는 건 선생님 마음이잖아요. 안 마실 수도 있어요."

"맞아요. 어제도, 오늘도 마셨다고 내일 꼭 커피를 마시는 건 아니겠죠? 어제와 오늘의 일만 가지고 늘 그럴 것이라고 주장하는 것은 '성급한 일반화의 오류'라고 해요."

성급한 일반화의 오류는 학생들이 가장 많이 범하는 오류 중의 하나입니다. 충분한 양의 근거가 있어야 주장과 근거가 설득력을 가진다는 사실

성급한 일반화의 오류
→ 어제 선생님께서 커피 마심.
오늘 선생님께서 커피 마심.
내일 선생님께서 커피 마심?

을 함께 얘기해주면 오류를 범할 가능성이 줄어들 수 있습니다.

흑백 논리의 오류를 알려주기 위해 문제를 내었습니다.

"현수는 부먹파인가요, 찍먹파인가요?"

"저는 부먹파요."

"야, 탕수육을 어떻게 소스를 부어서 먹어? 눅눅해지잖아. 선생님, 저는 찍먹파요! 선생님도 찍먹파죠?"

"여러분 선생님은 어느 파도 아니에요."

"그럼 선생님은 탕수육을 어떻게 먹어요?"

"여러분, 탕수육을 먹는 방법에 소스를 부어 먹는 것과 찍어 먹는 것만 있을까요? 이런 걸 흑백 논리의 오류라고 해요. 다른 경우도 있을 수 있는데 '맞다, 틀리다'처럼 2개의 선택지만 놓고 얘기하는 거죠. 선생님은 반만 담가 먹어요."

흑백 논리의 오류 역시 학생들이 쉽게 범하는 오류입니다. 특히 요즘 아이들이 '모 아니면 도' 식의 사고를 많이 하는 것 같습니다. 두 가지보다 더 다양한 선택지가 있다는 사실을 한 번 더 얘기했습니다. 깊이 생각하면 아이들의 편향적 사고를 교정하는 데 도움이 됩니다.

마지막으로 동정에 호소하는 오류에 대해 이야기 합니다.

"마지막입니다. 어떤 도시에서 물건을 훔치다가 잡힌 도둑이 있었습니다. 그 도둑은 10차례 도둑질을 했고 경찰에게 잡히게 되었습니다. 경찰 조사에 배가 고파서 도둑질을 했다고 했습니다. 재판에서 너무 배가 고파서 도둑질을 했으며 자신이 키워야 할 아이가 2명 있으니 용서해 달라고 말했습니다. 여기서 어떤 오류가 있겠습니까?"

"오류가 있나요?"

"배고프다고 도둑질을 했다는 것이 오류 같은데요."

"아이가 있어서 도둑질을 했다니 너무 슬퍼요. 용서해줘야 할 것 같아요."

"도둑질은 잘못한 것인데 아이가 있다고 용서해 주면 안 돼요."

지현이가 이성적으로 말합니다.

"지현이 말이 맞아요. 키워야 할 아이가 있다고 도둑질했다는 것이 용서될 수 있습니까? 이 오류는 논리적인 근거보다는 동정심과 연민을 일으키는 것으로 동정에 호소하는 오류라고 합니다."

"제가 자주 쓰는 말에도 오류가 있다는 것에 놀랐어요."
"앞으로 토론할 때 오류가 생기지 않도록 조심해야겠어요."
"상대편이 토론할 때 오류를 발견해 반박할 때 써야겠어요."

논리의 오류를 전달할 때 학생들의 흥미를 끌 만한 사례를 드는 것이 좋습니다. 개념 자체가 학생들에게는 어렵고 굉장히 헷갈릴 만한 것이기 때문입니다. 논리의 오류를 가르치는 것은 단순히 토론의 기술을 가르치는 것에서 그쳐서는 안됩니다. 더 나아가 학생 생활에서 오류를 찾고 교정해 생각의 폭을 넓히도록 도와야 합니다.

주장의 빈틈을 찾아라 교수학습안

단계	교수·학습 활동	자료(ㅁ) 및 유의점(※)
도입	〈논리의 오류〉에 대해 알아봅시다. ◎ 학습활동 안내하기 〈활동1〉 논리의 오류 알아보기 〈활동2〉 논리의 오류 종류 알아보기	
전개	〈활동1〉 논리의 오류 알아보기 ◎ 논리의 오류란 무엇입니까? 　주장의 앞뒤가 맞지 않거나 억지스러운 주장. 　주장에 대한 근거가 약하여 생기는 것 ◎ 논리의 오류를 배워야 하는 이유는 무엇입니까? 　① 토론 과정에서 상대측의 주장에 대해 효과적으로 반박을 할 수 있음 　② 우리의 주장을 더 설득력 있게 전달할 수 있음 　③ 우리가 어떤 문제에서 옳은 선택을 할 수 있음 〈활동2〉 논리의 오류 종류 알아보기 ◎ 군대 가산점에 대한 이야기를 들어봅시다. ◎ 인신공격의 오류에 대해 알아봅시다. ◎ 외계인의 존재 여부를 이야기 해 봅시다. ◎ 대중에 호소하는 오류를 알아봅시다. ◎ 선생님의 커피 마시는 것을 통해 무슨 논리의 오류인지 맞춰 봅시다. ◎ 성급한 일반화의 오류에 대해 알아봅시다. ◎ 탕수육 소스의 붓먹, 찍먹 이야기를 들어 봅시다. ◎ 흑백 논리의 오류에 대해 알아봅시다. ◎ 가난한 사람의 도둑질 이야기를 통해 어떤 논리의 오류가 있는지 이야기 해 봅시다. ◎ 동정에 호소하는 오류를 알아봅시다.	①토론활동지 (기록용) ※ 논리의 오류를 배워야 하는 이유를 단순히 상대방에게 이기기 위해서라고 생각하지 않도록 유의한다. ※ 학생들이 스스로 오류를 찾도록 유도하는 것이 중요합니다. ※ 학생들의 생활에서 오류를 찾고 교정하는 활동을 통해 학생들의 생각의 폭을 넓힌다는 점을 강조한다.
정리	◎ 〈논리의 오류〉 활동 후 소감 나누기	

12
과자 순위 정하기

《과자 순위 정하기》는 1위부터 20위까지의 과자 순위를 추측해보고 의견과 근거를 이야기하는 비경쟁토론입니다. 희망 직업 순위 추측하기와 함께 수업에 적용할 수 있는 재미있는 주제입니다. 먼저 가벼운 몸풀기로 탕수육 게임을 과자로 변형한 놀이를 합니다.

그런 다음 본격적으로 1~20위까지 순위를 예측하고 모둠 발표로 함께 내용을 공유합니다. 마지막 활동으로 1위와 20위를 차지한 과자의 특징을 살핍니다. 20위가 1위에 가까워지도록 수정하거나 보완할 점을 이야기하면서 자기 주장에 근거를 자연스럽게 말합니다.

활동에서 교사는 학생들이 의견에 대한 근거를 타당하게 제시하고 분석적으로 생각하도록 안내합니다. 아이들은 유행하는 과자를 먹어본 경험과 보았던 광고를 떠올리며 다양한 생각을 쏟아냅니다. 이처럼 아이들이 좋아하는 것으로 토론하면 수업이 더 즐거워집니다.

수업 속으로

"여러분이 좋아하는 과자는 무엇인가요?"

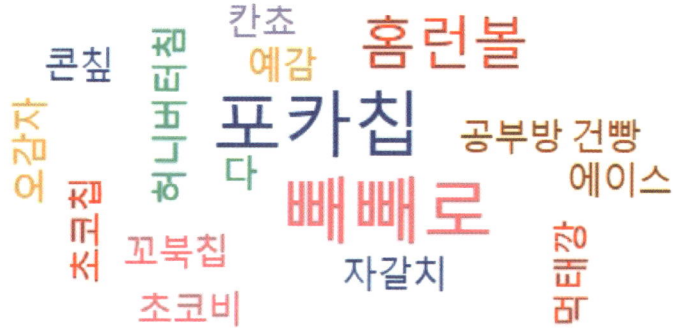

질문이 끝나기 무섭게 대답이 쏟아집니다. 본격적인 토론을 시작하기 선 아이들의 대답을 활용하여 '탕수육 게임'을 변형한 놀이를 합니다. 원하는 과자 이름 중 하나를 고르고 박자에 맞춰 서로 한 글자씩 주고받는 놀이입니다.

"여러분이 알고 있는 탕수육 게임을 과자 이름으로 해봅시다."

마음에 드는 3글자의 과자를 골라 놀이를 시작합니다. 먼저 짝꿍과 놀이를 한 다음 짝꿍에게 추천을 받아 친구 2명을 앞으로 나오게 하였습니다.

"홈", "런", "볼", "홈", "런", "볼", "홈", "런", "볼"

아이들에게 익숙한 놀이이기에 대부분의 학생들은 어려움 없이 게임에 참여합니다. 판가름이 나지 않는 경우에는 박자 속도를 빠르게 합니다. 짧은 몸풀기를 하고 본 활동으로 들어갑니다.

"모둠 친구들과 우리나라에서 잘 팔리는 과자 1위부터 20위까지 순위를 정해봅시다."

아이들에게 준비된 학습지를 나눠주었습니다. 아이들은 누가 시키지 않아도 자신이 좋아하는 과자를 찾아 외칩니다.

"선생님 저 1위 아는데요! 포카칩이에요."

한 아이가 확신이 가득한 목소리로 이야기합니다.

"포카칩이 1위라고 생각하는 이유를 얘기해볼래?"

"정말 맛있잖아요!"

대답이 끝나자마자 의견이 분분합니다. 이유에 실망하는 친구들도 있지만 책상을 두드리며 동의하는 친구들도 있습니다. 아이들의 이야기는 더 커져갑니다. 아이들은 저마다 자신이 좋아하는 과자가 1등이라고 근거를 덧붙여 주장합니다. 토론에 점점 몰입하며 자신과 생각이 다른 친

구를 설득하느라 표정과 손짓까지 바빠집니다.

"여러분 1~20위까지 순위를 생각해 보았나요? 2위로 꼽은 과자와 선정 이유를 이야기해 봅시다."

1모둠에서 발표하겠다고 손을 듭니다.

"저희 모둠에서는 품절 대란이 있었던 A과자를 2위로 추측했습니다."

달콤한 맛으로 한 때 품귀현상이 있었던 과자를 꼽은 모둠이 이야기합니다.

"저희는 B과자를 친구들이 먹고 있는 것을 자주 보았기 때문에 B과자가 2위 일 것 같습니다."

"유명 연예인의 챌린지로 인기 있었던 C과자가 2위일 것 같습니다."

아이들은 저마다 근거를 들어 발표합니다. 모둠별로 의견을 듣고 난 후 19위부터 3위까지 실제 순위를 발표합니다.

"이제 1위, 2위, 20위가 남아 있습니다. 남은 순위의 주인공은 어떤 과자일까요?"

3~19위까지의 순위가 공개되고 나니 생각의 변화가 있는 아이도 있고 몇 개를 맞췄다고 좋아하는 친구도 있습니다. 과자라는 특징을 이해하면서 판단 기준을 세우는 것은 근거를 찾는데 도움이 됩니다.

"인기 순위에 영향을 미치는 요소에는 어떤 것이 있을까요?"

"맛이요!" 주변 친구들이 끄덕입니다.

"저는 가격이요. 비싸면 많이 못 사 먹잖아요."

인지도, 영양 등 여러 가지 의견이 나옵니다. 이 요소들을 고려하여 생각을 나누도록 아이들에게 안내합니다.

"과자 순위와 그렇게 생각한 이유를 함께 발표해주세요."
1개의 모둠만 빼고 모든 모둠이 1위로 '새우깡'을 선택합니다.
"1위로 새우깡을 선택한 이유가 무엇인가요?"
"요즘 유행하는 과자랑 비슷해요."
"어린이집에서 간식으로 많이 먹어요."
어린이집에 다니는 동생을 둔 학생이 발표합니다. 학생들의 의견을 충분히 들은 다음 실제 1위를 발표하였습니다. 이때, 긴장감 넘치는 배경음악을 틀어주면 아이들은 더욱 즐거워합니다.
"1위를 발표하겠습니다. 1위는 바로 새우깡입니다!"
"와아!!"
1위를 정확하게 추측한 모둠들이 함성을 외칩니다. 뒤이어 2위 초코파이, 20위 꿀꽈배기도 함께 발표합니다.

마지막 활동으로 20위인 과자 1위 만들기 프로젝트를 제시합니다.
"이번에는 20위인 과자 1위 만들기 프로젝트를 해보겠습니다. 20위의 과자는 왜 1위를 할 수 없었을까요?"
원인을 찾는 머릿속이 바쁜지 잠시 교실이 조용합니다.
"많은 사람들이 좋아하는 맛이 아니에요."
"이런 과자가 있는지 몰랐어요."
아이들이 먹어보지 않은 과자라면 원인을 찾기 어렵습니다. 이때 가장 좋은 자료는 실제로 과자를 눈으로 살펴보기도 하고 먹어보는 기회를 제공하는 것입니다.

"1위 만들기 비법을 지금부터 찾아봅시다."

아이들에게 1위와 20위 순위의 과자를 모둠별로 봉지째 나누어 줍니다. 과자를 받아들자 아이들의 프로젝트 진도가 빠릅니다.

먼저 두 과자의 맛을 비교하고 지금까지 고려했던 다양한 기준을 예시로 들어 생각해볼 수 있도록 합니다. 그런 다음 모둠별로 다양한 의견들을 나누고 1위 만들기 비법을 정리합니다.

"가격을 낮춰요."

"이름을 바꾸고 디자인을 좀 더 신경 써야 해요."

"유명 연예인을 광고 모델로 해요"

이 외에도 아이들은 요즘 세대들이 좋아하도록 글씨체를 바꿔야한다, 과자를 더 크게 만들어 알려야한다 등 다양한 의견을 제시합니다.

"오늘 활동에서 가장 기억 남거나 아쉬웠던 점이 있나요?"

"새우깡이 1위일지 몰랐어요."

"제가 좋아하는 과자가 20위라서 아쉬워요. 1위가 되면 좋겠어요."

"20위를 1위로 만들어 보는게 재밌었어요."

아이들이 좋아하는 주제인 만큼 자기 주장이 강해지면서 의견이 대립하는 경우가 종종 있습니다. 가격, 맛, 식감, 모양 등의 다양한 기준을 세워 생각을 나누도록 안내하면 좋습니다.

과자 순위 정하기

단계	교수 · 학습 활동	자료(□) 및 유의점(※)
도입	과자 순위 정하기 놀이를 해 봅시다. ◎ 학습활동 안내하기 〈활동1〉 변형 탕수육 게임 〈활동2〉 과자 순위 정하기 〈활동3〉 1위 만들기 프로젝트	
전개	〈활동1〉 변형 탕수육 게임 ◎ 마음열기 질문 ◎ 좋아하는 과자를 이야기해봅시다. ◎ 3글자 과자 중 하나를 정해 놀이에 참여해봅시다. 〈활동2〉 과자 순위 정하기 ◎ ①을 활용하여 2022년 가장 잘 팔리는 과자 순위를 추측해봅시다. ◎ 모둠별로 2순위에 해당 과자를 꼽은 이유를 발표해봅시다. ◎ 3~19위 발표 후 남은 순위들을 다시 생각해봅시다. ◎ 1순위로 해당 과자를 꼽은 이유를 발표해봅시다. 〈활동3〉 과자 순위 정하기 ◎ ②를 먹어보며 20위인 과자를 분석하여 1위가 되려면 어떻게 해야 하는지 살펴봅시다. - 20위인 과자가 1위가 되려면 어떻게 해야할까? ◎ ③을 활용하여 1위 비법 제안하기 ◎ 모둠 발표하기	※ 멘티미터 등 설문 프로그램 활용 ① 1~20순위에 해당하는 과자 이미지, 순위표 ② 과자 ③ 도화지, 유성매직
정리	◎ 〈과자 순위 정하기〉 토론 소감 나누기	

13
가치 경매 놀이

《가치 경매 놀이》에서 아이들은 가치를 두고 경매에 참여합니다. 그 과정에서 나에게 더 중요한 가치가 무엇인지 고민합니다.

《가치 경매 놀이》는 비슷한 과정이 두 번에 걸쳐 진행됩니다. 먼저, 주어진 가치 목록에서 '내가 더 소중하게 생각하는 가치'를 선택합니다. 제공되는 덕목 포인트가 한정되어 있기에 아이들은 선택과 집중을 해야만 합니다.

두 번째 과정에서는 '행복하기 위해서 필요한 가치'를 선택합니다. 전지전능한 조물주의 입장에서, 행복한 사람이 되기 위해 어떤 가치를 가지면 좋을까 고민할 수 있습니다.

언뜻 보면 비슷해 보이는 두 과정은 전혀 다른 결과를 가져옵니다. '나에게 소중한 가치와 행복한 사람이 되기 위한 가치는 어떻게 다를까요?' 이 질문은 아이들의 머릿속에, 행복에 관한 작은 물결을 만들어냅니다. 이 작은 물결이 아이들의 삶에 어떤 영향을 주게 될까요?

수업 속으로

아이들에게 네 장의 사진을 보여줍니다. 맛있는 음식을 앞에 두고 즐겁게 대화하는 사람들, 멋진 집과 비싼 자동차를 가진 사람, 대중 앞에서 연설하는 유명인, 다른 사람을 위해 봉사하는 사람이 담긴 사진입니다.

"여러분은 네 장의 사진에서 어떤 삶을 살고 싶나요?"

"돈이 많은 삶이요."

"저는 유명해지고 싶어요."

"저는 가족들과 즐거운 시간을 보내면 행복할 것 같아요."

현서가 말한 행복에 주목합니다.

"현서가 좋은 말을 해줬어요. 행복이란 무엇일까요?"

"즐거운 것 같습니다."

"생각만 해도 기분이 좋은 것이요."

이번에는 가장 행복한 순간이 언제인지 질문합니다.

"열심히 준비한 자격증을 땄을 때요."

"가족들이랑 제주도 여행 갔을 때 행복했습니다."

"지난 여름에 봉사활동에 참여했을 때 행복했어요."

아이들이 각자 행복했던 순간을 회상하면서 웃음 짓습니다.

오늘 아이들과 함께할 놀이는 〈가치 경매 놀이〉입니다. 가치 경매 놀이 1단계부터 시작합니다. 아이들에게 28가지의 가치가 적힌 〈가치 목록표〉와 선택한 가치를 적는 〈가치 선택지〉를 나눠줍니다. 놀이의 순서를 아이들에게 알려줍니다.

가치 경매 놀이(1단계) 순서

1. 〈가치 목록표〉에서 나에게 소중한 가치를 3개까지 선택합니다.
2. 〈가치 선택지〉에 나에게 소중한 가치와, 그 가치가 소중한 이유를 적습니다.
3. 지급받은 30포인트를 3개의 가치에 적절히 분배합니다. 단, 하나의 가치에는 15포인트까지만 사용할 수 있습니다.
4. 내가 가장 높은 포인트를 호가하면, 그 가치를 내가 가질 수 있습니다.

"선생님 만약 여러 사람이 하나의 가치에 같은 포인트를 부르면 어떻게 되나요?"

"좋은 질문입니다. 만약 그렇게 되면 그 가치를 중요하게 생각하는 이유를 친구들에게 공개합니다. 친구들은 가치의 중요성을 더 잘 설명하는 이유에 투표합니다. 더 많은 투표를 받은 사람이 가치를 갖습니다."

가치 경매 놀이 1단계가 시작됩니다. 아이들은 밝으면서도 진지한 태도로 경매에 참여합니다.

"〈유머 감각〉 가치는 10포인트 호가한 진석이가 갖게 되었습니다."

"그래, 〈유머 감각〉은 내가 가져야지!"

진석이의 말을 듣고 아이들이 웃습니다.

"〈돈〉 가치에 15포인트를 호가한 사람이 두 명입니다. 두 사람이 적은 이유를 공개하겠습니다. 첫 번째 이유는 '돈은 나를 행복하게 해주기 때문이다.' 두 번째 이유는 '돈으로 대부분의 다른 가치를 살 수 있기 때문이다.'입니다."

투표 과정에서는 이유를 작성한 사람은 비공개로 합니다. 자칫 인기투표로 진행될 수 있기 때문입니다.

"두 번째 이유에 더 많은 사람이 투표를 하였습니다. 준석이가 〈돈〉 가치를 획득하겠습니다.

〈가치 경매 놀이 1단계〉가 끝나고, 2단계가 진행됩니다. 2단계 진행을 위해 아이들에게 '가치 목록표'와 '행복 프로젝트' 종이를 나눠줍니다.

"〈가치 경매 놀이 2단계〉에서는 내가 획득한 가치를 더 의미 있게 사용합니다. 나는 조물주가 되어 새로 태어날 지구인에게 가치를 선물할 예정입니다. 나의 지구인이 더 행복하기 위해서는 어떤 가치를 획득해야 할까요?"

가치 경매 놀이(2단계) 순서

1. 〈가치 목록표〉에서 사람을 행복하게 해준다고 생각하는 가치를 3개까지 선택합니다.(한 가지, 두 가지만 선택할 수도 있습니다.)
2. 〈행복한 사람 제작 프로젝트〉에 선택한 가치와, 그 가치가 사람을 행복하게 해준다고 생각하는 이유를 적습니다.
3. 지급받은 30포인트를 3개의 가치에 적절히 분배합니다. 단, 하나의 가치에는 15포인트까지만 사용할 수 있습니다.
4. 내가 가장 높은 포인트를 호가하면, 그 가치를 내가 가질 수 있습니다.

"2단계 가치 경매 놀이를 시작하겠습니다."

"〈인기〉 가치는 5포인트를 호가한 수현이에게 돌아갔습니다. 수현이는 왜 〈인기〉가 중요하다고 생각하나요?"

"저는 다른 사람에게 인정받을 때 행복합니다."

"〈가족〉 가치 경매를 진행하겠습니다."

1단계 가치 경매 놀이보다 더 많은 아이들이 〈가족〉 경매에 관심을 보입니다.

"〈가족〉 가치에 15포인트를 호가한 사람이 5명입니다. 5개의 이유를 공개합니다."

아이들은 5개의 이유를 꼼꼼히 살펴보고 손을 듭니다.

"가장 많은 공감을 받은 이유는 '나는 가족들과 맛있는 음식을 먹을 때 가장 행복하기 때문이다.'입니다."

경매과정이 끝난 후 나의 지구인에게 마음을 담은 짧은 편지를 함께 썼습니다. 가치를 선물해주지 못해 지구인에게 사과하는 아이들, 많은 가치를 지녔지만 항상 겸손해야 한다고 충고해주는 아이들을 볼 수 있었습니다. 잠시나마 조물주가 된 느낌은 어땠을까요?

가치 경매 놀이가 모두 끝났습니다.

"가치 경매 놀이를 하면서 어떤 생각이나 감정이 들었나요?"

"내가 좋아하는 것을 알게 되었습니다."

"행복하기 위해서는 무엇이 필요한지 고민해보았습니다."

"경매 과정이 재밌었습니다."

아이들에게 두 단계의 가치 경매 놀이의 차이점을 물어봅니다.

"두 단계에서 가장 많은 선택을 받은 가치가 다른 이유는 무엇일까요?"
"행복하기 위해 필요한 것을 신중하게 고민해서 그렇습니다."
"내가 갖고 싶은 것과 행복하기 위해 필요한 것이 달라서 그래요."

사람은 가까운 사람들과 행복한 시간을 보낼 때 (관계성), 내가 어떤 분야에서 유능한 모습을 보일 때 (유능함), 나에게 선택할 자유가 주어질 때 (자율성) 행복함을 느낀다고 합니다. 〈가치 경매 놀이〉를 통해 아이들이 내가 추구해야 할 가치에 대한 힌트를 얻었으면 좋겠습니다.

발상 놀이 교수학습안

학습 단계	학생 주도 교수·학습 활동	자료(□) 및 유의점(※)
도입	◎ 동기유발 ◎ 학습문제 확인하기 **가치 경매 놀이에 참여하기** ◎ 학습활동 안내하기 〈활동1〉 가치 경매 놀이 1단계 〈활동2〉 가치 경매 놀이 2단계	
전개	〈활동1〉 가치 경매 놀이 1단계 ① 가치 목록표에서 '내가 갖고 싶은 가치'를 3개까지 고릅니다. ② 각 가치에서 가장 높은 포인트를 호가한 사람이 가치를 갖게 됩니다. ③ 한 가치에 여러 사람이 같은 포인트를 호가할 때, 학급 친구들이 **이유**를 보고, **다수결**로 투표합니다. 선택을 받은 이유를 적은 사람이 가치를 획득합니다. 〈활동1〉 가치 경매 놀이 2단계 ① 가치 목록표에서 '나의 지구인을 행복하게 해줄 가치'를 3개까지 고릅니다. ② 경매 전에 포인트를 적절히 배분하여 가치 옆에 적습니다. 행복하기 위해 그 가치가 필요한 이유도 함께 적습니다. ③ 한 가치에 여러 사람이 같은 포인트를 호가할 때, 학급 친구들이 **이유**를 보고, **다수결**로 투표합니다. 선택을 받은 이유를 적은 사람이 가치를 획득합니다.	1 가치 목록표 2 가치 선택지 ※ 포인트는 30까지 지급되고, 한 가치에는 15까지 사용가능합니다. ※ 인기 투표가 되는 것을 방지하기 위해 이유만 공개하고 투표하게 한다. 1 가치 목록표 2 행복한 사람 프로젝트 종이
정리	◎ 왜 1단계와 2단계 결과가 다른가요? ◎ 놀이 소감 나누기	

<가치 선택지>

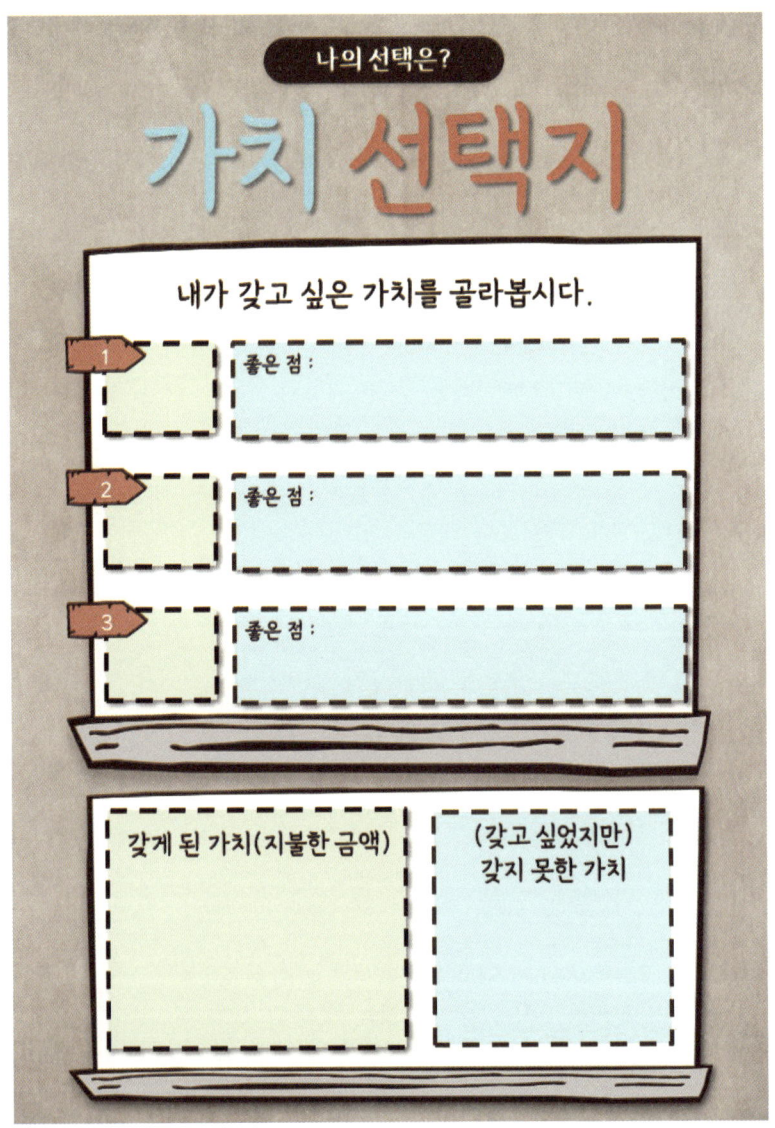

행복한 사람 제작 프로젝트

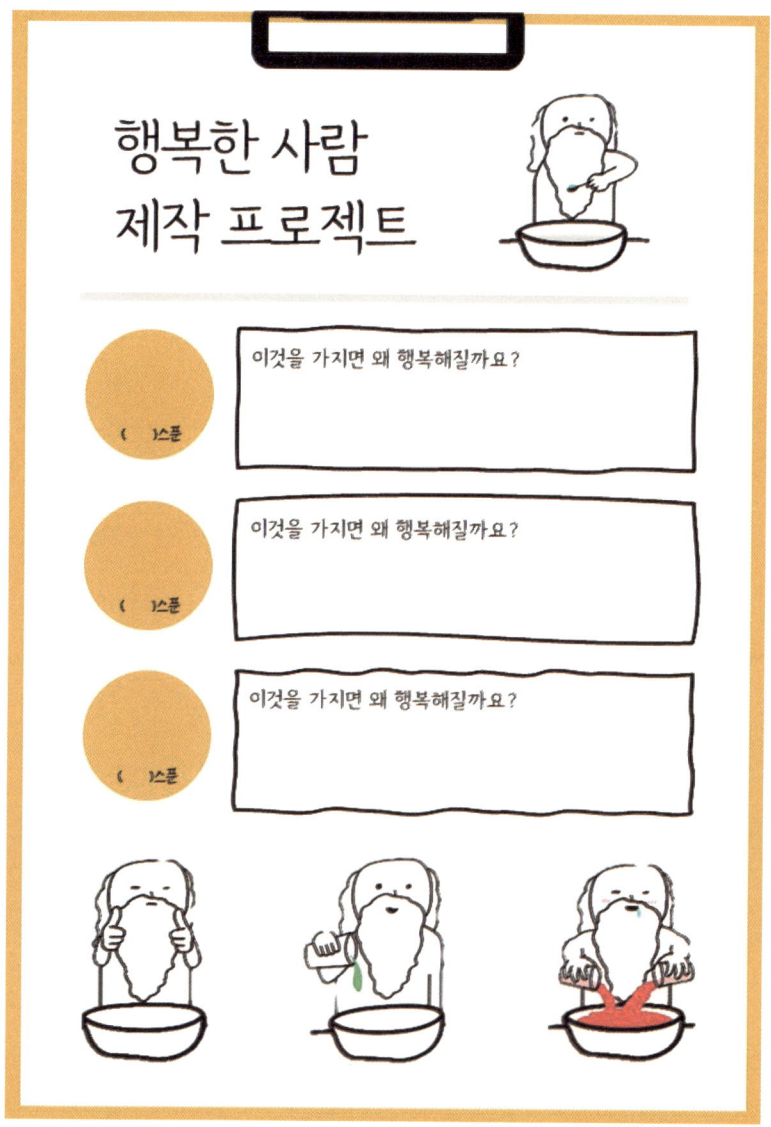

가치 목록지

유머 감각	노래 실력	가족 관계	권력
우정	자신감	다른 사람의 인정	외모
건강	지식	인기	시험 성적
돈	용기	세계의 평화	지혜
좋은 회사	사랑	강력한 멘탈	인내
감정 조절	포용력	그림 실력	스포츠 실력
인맥	손재주	리더십	말솜씨

※ 아이들과 의논하여 자유롭게 변형하여 사용할 수 있습니다.

14 희망 직업 추측하기

　《희망 직업 추측하기》는 초등학생들이 희망하는 직업 통계 자료의 결과를 바탕으로 시대에 따라 변화하는 희망직업과 그 순위를 추측해보는 활동입니다. 학생들은 주어진 자료를 비교하며 다양한 직업들을 떠올립니다. 이때 학생들이 선호하는 직업을 생각하는 것에서 더 나아가 시대, 사회적 현상을 고려하여 생각하도록 이끌어 주는 것이 중요합니다. 자료를 비교하고 사회 현상과 연관 짓는 과정을 통해 학생들에게 분석하는 힘을 기를 수 있습니다.

　《희망 직업 추측하기》는 찬반대립이 없는 비경쟁 토론의 형식을 빌려옵니다. 여러 관점에서 의견을 듣고, 생각을 나누며 열린 시선으로 자유롭게 소통 할 수 있다는 것이 장점입니다. 직업은 아이들의 삶과 맞닿아 있는 중요한 주제이기도 합니다. 통계 자료를 살펴보는 과정에서 다양한 직업을 알아보고 탐색하여 진로교육과 연계하여 활용할 수도 있습니다.

수업 속으로

매주 금요일 블록 수업은 아이들과 깊이 있는 활동을 진행하는 유용한 시간입니다. 미술 활동이나 연극 등 충분한 시간이 필요한 활동을 할 때 자주 사용되기도 하지요. 이 시간은 토론 수업을 진행하기에도 좋은 시간입니다. 시간이 넉넉해 여유롭게 자료를 찾고 분석하며 토론을 할 수 있습니다.

"선생님 오늘 무슨 토론해요?"
수업이 시작되기도 전에 아이들이 해맑은 눈빛으로 질문합니다.
"선생님이 지난주에 직업에 대해 토론한다고 하셨잖아!"
"윤아가 선생님이 지난주에 말해준 것을 잘 기억하고 있구나!"
수업 시간에 했던 이야기를 아이가 잘 기억하는 것은 고마운 일입니다.
"오늘은 모둠 친구들과 함께 2022년 초등학생이 희망하는 직업 순위를 추측해 봅시다."
흥미로운 듯 아이들이 집중하기 시작합니다.
"여러분은 어떤 직업을 갖고 싶나요?"
"먹방 유튜버요!"
"저는 선생님이 되고 싶어요."
"의사, 웹툰 작가요!"
생김새도 다르고 목소리도 다른 아이들의 희망 직업은 다양합니다.
"직업은 무슨 뜻일까요?"
"일을 하고 돈을 받는 것이요."

"장래 희망이요!"

아이들의 다양한 생각을 듣고 사전에서 뜻을 찾아 본 후 다음 활동으로 넘어갑니다.

"지금부터 2007년도, 2017년도 초등학생들이 희망하는 직업 순위를 모둠 친구들과 함께 생각해보겠습니다."

아이들이 2007년도와 2017년의 표를 비교해 직업을 추측하도록 직업 순위에 빈칸을 둔 학습지를 나누어 주었습니다.

학습지 예시

	2007	2017
1		선생님(교사)
2	의사	
…		의사
10	프로게이머	과학자

"선생님, 2007년도에도 유튜버 직업이 있었어요?"

한 학생이 궁금한 듯 질문합니다.

"글쎄, 2007년도에 유튜브가 존재했을까요? 우리 한번 찾아볼까요?"

2017년과 표를 비교해보면 2007년도에는 아직 유튜브 크리에이터라는 직업이 없다는 걸 짐작 할 수도 있지만 아이들이 직접 찾도록 안내합니다.

"선생님, 유튜브는 2008년도에 한국에 처음 들어왔대요. 그러면 2007년도 한국에는 유튜버란 직업이 없었네요."

대답을 들은 주변 아이들은 2007년에 유튜브 크리에이터라는 직업이 없었다는 것을 알고 신기해합니다.

"직업을 추측할 때 시대나 사회적 현상을 고려해 보도록 합니다."

아이들이 직업을 선택할 때는 시대적, 사회적 상황과 관계가 있다는 것을 생각합니다.

"2017년도 2위 직업은 무엇일까요?"

2007년도와 2017년도 직업 순위를 함께 맞춰봅니다.

"운동선수요!"

더운 날에도 땀을 뻘뻘 흘리며 운동을 하던 아이가 대답합니다.

"2위는 바로 운동선수입니다."

순위를 맞춘 모둠에서 함성이 터져 나옵니다.

"이제 본격적으로 2022년도 초등학생들이 희망하는 직업 순위를 추측해보겠습니다. 앞에서 추측했던 2007, 2017년도의 내용을 꼭 활용하세요."

2022년도 표에는 2위 교사, 7위 배우/모델을 빼고는 모두 빈칸입니다.

"2007, 2017년도 모두 운동선수와 의사는 높은 순위였으니까 2022년에도 높을 거야!"

"코로나 때문에 의사나 간호사를 많이 희망할 것 같지 않아?"

"유튜버나 웹툰 작가도 있을 것 같아. 2022년이면 작년인데 유튜브 안 보는 애들이 없잖아."

아이들은 자기 생각에 근거를 붙여 분석적으로 접근하고 생각을 공유하며 즐겁게 활동에 참여합니다.

"모둠별로 순위로 정한 직업과 선택한 이유도 함께 발표해주세요."

확신에 찬 2모둠이 먼저 발표하겠다고 손을 듭니다.

"저희 모둠은 운동선수를 1위로 꼽았습니다. 유명한 운동선수들을 보고 운동선수가 되고 싶은 사람이 많을 것 같기 때문입니다."

2모둠 발표가 끝나자 다음 모둠도 이어서 발표했습니다.

"저희는 웹툰 작가가 8위라고 생각합니다."

"웹툰 작가를 새롭게 순위에 넣은 이유가 있을까?"

"요즘 웹툰을 보는 사람이 많기 때문입니다."

"다른 모둠 친구들은 어떻게 생각하나요?"

다른 모둠에서도 웹툰 작가가 순위에 포함된다고 예상합니다. 모둠별로 발표가 끝나고 통계 자료 결과를 보여주었습니다. 아까운 듯 책상을 치는 친구도 있고, 자신이 말한 걸 기록해 주지 않은 모둠원을 탓하기도 합니다. 통계 자료 결과를 보고 모둠 점수도 매겨봅니다.

"연도에 따라 희망 직업 순위가 왜 바뀔까요?"

"연도별로 인기 있는 직업이 달라져요."

"새로 생기는 직업이 생겨서요!"

아이들은 자연스레 희망 직업이 시대적, 사회적 상황에 영향을 받는다는 것을 알게 됩니다.

'10년 넘게 인기 있는 직업의 특징은 무엇일까요?',

'새로 생기는 직업이 있으면 사라지는 직업도 있을까요?' 등의 다양한 질문으로 활동을 진행할 수 있습니다.

"좋은 직업이란 무엇일까요?"

마지막 질문으로 오늘의 활동을 마무리합니다.

"돈을 많이 버는 직업이요."

"적게 일하고 많이 버는 직업이요."

큰 목소리로 답하는 학생 주변으로 친구들이 웃으며 동의합니다.

"제가 좋아하는 것을 하면서 돈을 버는 거요."

"좋아하는 일을 하면서 돈을 벌면 진짜 좋겠다."

몇몇 학생들도 친구 의견이 마음에 드는 듯 고개를 끄덕입니다. 아이들과 과거와 현재 직업을 추측하면서 앞으로 진로를 고민하는 이 시간이 귀합니다.

희망 직업 추측하기

단계	교수·학습 활동	자료(口) 및 유의점(※)
도입	희망 직업 추측하기 토론을 해 봅시다. ◎ 학습활동 안내하기 〈활동1〉 2007년, 2017년 희망직업 추측하기 〈활동2〉 2022년 희망직업 추측하기	
전개	〈활동1〉 2007년, 2017년 희망직업 추측하기 ◎ 마음열기 질문 ◎ 직업이란 무엇인지 알아봅시다. ◎ '초등학생들이 희망하는 직업 10가지'를 연도별로 살펴보고 빈칸에 비워진 직업을 추측해봅시다. 활동지 예시 |	2007	2017
1		선생님(교사)
2	의사	
…		
10	프로게이머	과학자 | 〈활동2〉 2022년 희망직업 추측하기 ◎ 2022년 '초등학생들이 희망하는 직업 10가지'를 추측하고 표를 완성해봅시다. ◎ 모둠별로 순위를 발표하고 추측 근거를 이야기 해봅시다. ◎ 모둠별로 점수를 계산해봅시다. 춰 봅시다. ◎ 성급한 일반화의 오류에 대해 알아봅시다. 점수 계산 예시 | 내용	점수
---	---
순위와 직업을 정확하게 맞힌 경우	개당 10점
순위는 맞지 않으나 직업을 찾은 경우	개당 5점 | ◎ 희망하는 직업이 달라지는 이유를 생각해 봅시다. – 선호하는 직업은 시대 바뀌면서 달라질까요?	口 2007, 2017년 희망직업 순위 활동지 ※ 시대적, 사회적 상황을 고려하여 직업의 순위를 생각하도록 안내한다. 口 2022년 희망직업 순위 활동지 ※ 학생들의 흥미를 더하기 위해 추측 결과를 점수로 계산하는 활동을 추가할 수 있다.
정리	◎ 좋은 직업이란 무엇일까요? ◎ 〈희망직업 추측하기〉 토론 소감 나누기	

활동지

1. '직업'의 뜻을 찾아 기록해 봅시다.

2. 2007, 2017년에 살았던 '초등학생들이 희망하는 직업 10가지'를 년도별로 살펴보고 빈칸에 비워진 직업을 추측해 봅시다.

순위	2007년		2017년	
1	①	15.7%	선생님(교사)	9.5%
2	의사	10.5%	④	9.1%
3	②	9.9%	의사	6.0%
4	운동선수	9.4%	요리사(쉐프)	4.9%
5	교수	6.5%	경찰	4.8%
6	법조인(판검사,변호사)	5.4%	가수	3.8%
7	경찰	5.2%	법조인(판검사,변호사)	3.4%
8	요리사	4.2%	⑤	3.2%
9	③	2.8%	제빵원 및 제과원	2.8%
10	프로게이머	2.2%	⑥	2.4%

3. 모둠별로 2022년 초등학생이 희망하는 직업 10가지를 추측해 보고 표를 완성해 봅시다.

순위	2022년		
	우리 모둠이 추측한 직업	학생 희망 직업	선호도
1		①	9.8%
2	교사	교사	6.5%
3		②	6.1%
4		③	6.0%
5		④	4.5%
6		⑤	3.9%
7	배우, 모델	배우, 모델	3.3%
8		⑥	3.0%
9		⑦	2.8%
10		⑧	2.8%

내용	점수	모둠 점수
순위와 직업을 정확하게 맞힌 경우	개당 10점	
순위는 맞지 않으나 직업을 찾은 경우	개당 5점	

활동지 답지

1. '직업'의 뜻을 찾아 기록해 봅시다.

   생계를 유지하기 위하여 자신의 적성과 능력에 따라 일정한 기간 동안 계속하여 종사하는 일

2. 2007, 2017년에 살았던 '초등학생들이 희망하는 직업 10가지'를 년도별로 살펴보고 빈칸에 비워진 직업을 추측해 봅시다.

순위	2007년		2017년	
1	① 선생님	15.7%	선생님(교사)	9.5%
2	의사	10.5%	④ 운동선수	9.1%
3	② 연예인	9.9%	의사	6.0%
4	운동선수	9.4%	요리사(쉐프)	4.9%
5	교수	6.5%	경찰	4.8%
6	법조인(판검사,변호사)	5.4%	가수	3.8%
7	경찰	5.2%	법조인(판검사,변호사)	3.4%
8	요리사	4.2%	⑤ 프로게이머	3.2%
9	③ 패션디자이너	2.8%	제빵원 및 제과원	2.8%
10	프로게이머	2.2%	과학자 프로게이머	2.4%

3. 모둠별로 2022년 초등학생이 희망하는 직업 10가지를 추측해 보고 표를 완성해 봅시다.

순위	2022년			
	우리 모둠이 추측한 직업		학생 희망 직업	선호도
1			① 운동선수	9.8%
2	교사		교사	6.5%
3			② 크리에이터	6.1%
4			③ 의사	6.0%
5			④ 경찰관/수사관	4.5%
6			⑤ 요리사/조리사	3.9%
7	배우, 모델		배우, 모델	3.3%
8			⑥ 가수/ 성악가	3.0%
9			⑦ 법률전문가	2.8%
10			⑧ 만화가(웹툰작가)	2.8%

출처: 교육부, 한국직업능력연구원 진로교육 현황조사

15 화성에서 인류를 구하라

《화성에서 인류를 구하라》는 자기 주장에 대해 근거를 말하고 상대방을 설득하는 놀이입니다. 지구온난화로 인해 지구에 더 이상 살 수 없어 인류를 위해 화성을 개척하기 적합한 인물을 고르는 활동입니다. 제시된 10명 중 5명의 인류를 선정하는 과정에서 학생들은 주장과 근거를 이야기하고 타당한 근거를 가지고 상대방에게 논리를 전달해야 합니다.

학생들은 능력, 체력, 사회적 기여도 등 중요하게 생각하는 가치의 경중을 생각합니다. 화성에 가기에 적합한 인물을 선발하고 이유를 친구들에게 설득합니다. 충분한 토론의 과정을 거친 후 생각이 바뀐 학생은 생각이 변화된 이유를 이야기합니다.

이 활동을 통해 학생들은 토론이 필요한 이유가 정답을 찾기 위함이 아니라 주장에 대한 논리적 근거를 찾는 과정을 알게 됩니다. 또 생각을 친구들에게 설득하는 과정에서 논리적 말하기의 기초를 다질 수 있습니다.

수업 속으로

"오늘은 화성에서 인류를 구하라 놀이를 해 볼 거예요."

"화성에서 인류를 구하라 놀이는 뭐예요?"

아이들이 새로운 놀이에 호기심을 가집니다.

"미래에 지구온난화가 심해져 인류가 더 이상 지구에 살 수 없어 화성으로 가야 해요. 선생님이 보여주는 10명의 인물 중 우주선에 타야 할 5명을 여러분이 고르는 거예요. 가장 먼저 타야 할 인물을 순서대로 쓰고 근거도 같이 써주세요."

친구들과 누구를 왜 태워야 하는지 토론하라고 하였습니다.

"선생님 빨리 해 봐요. 10명이 어떤 사람인지 보여주세요."

화성에서 인류를 구하라 놀이 방법을 설명하고 열 명을 제시합니다.

1. 우주선을 만든 과학자
2. 오지 탐험에 익숙한 35살의 탐험가
3. 농사 경험이 풍부한 50살의 농부
4. 능력 있는 60살의 의사
5. 생활 도구를 잘 만드는 남성 기술자
6. 평생 봉사를 실천한 혼자 사는 37살 남자
7. 전쟁에서 공을 세워 훈장을 받은 여성 군인
8. 리더십이 뛰어난 대통령
9. 우주에 대해 풍부한 지식을 가진 은퇴한 대학 교수
10. 동물 사육에 대해 탁월한 능력을 가진 40대 여성 동물전문가

아이들에게 5분 동안 다섯 명의 인물을 고르게 하였습니다.
"과학자는 무조건 1번으로 가야 돼."
"몸이 아프면 치료를 위해 의사도 가야지"
학생들은 자기 생각을 이야기하며 우주선에 타야 하는 5명의 인물을 골라 순서대로 적었습니다.
"열 명 중 다섯 명을 고르려 하니 누구를 태워야 할지 어려워요."
"꼭 다섯 명만 태워야 하나요?"
"우주선 2개로 열 명 다 태워 가면 안 되나요?"
"안 돼요. 다섯 명만 태워야 하니 이유를 잘 생각하고 순서대로 1~5위를 쓰세요."
학생들이 5명을 선정할 때 근거를 고민하게 했습니다.

생각을 정리한 아이들이 전체 앞에서 자신이 쓴 것을 발표합니다.
"그럼 여러분이 쓴 5명의 인물을 발표해 볼까요?"
"농부, 의사, 과학자, 탐험가, 기술자 순으로 적었어요."
"과학자, 군인, 교수, 대통령, 탐험가를 썼어요."
"이제 모둠 안에서 왜 그렇게 생각하는지 돌아가며 말해봅시다."
5명을 다 못 뽑았더라도 다른 친구의 의견을 듣고 추가적으로 선정해도 된다고 말했습니다.
"각 모둠 안에서 자신이 뽑은 인류 5명과 그 이유를 말해 볼까요?"
"농부, 의사, 과학자, 탐험가, 기술자 순으로 썼어요. 농부가 첫 번째인 이유는 인류가 생존하기 위해서는 식량이 반드시 필요하기 때문이에요. 의사는 우주에 가서 아플 경우에 환자를 치료해야 해서 필요해요. 우주는 아직 모르는 것이 많은 곳이기 때문에 과학자가 가서 연구해야 한다고 생각했어요. 탐험가는 화성에 도착해서 주변에 대해 탐험하면서 땅을 개발하기 위해 골랐고 기술자는 화성에서 필요한 생활 도구를 만들어야 하니까 선정했어요."

"저는 과학자, 군인, 교수, 대통령, 탐험가를 썼어요. 그 이유는 과학자는 우주선을 만들어서 우주선을 조종하고 고장 나면 고칠 수 있기 때문이라 생각했어요. 두 번째는 군인이에요. 화성이라는 낯선 곳에서 무슨 일이 일어날지 몰라 인류 구원팀을 지켜줄 사람이 필요하기 때문이에요. 교수는 우주에 대한 지식이 풍부하여 다양한 우주 정보를 알려줄 수 있어요. 대통령은 우리 반에도 회장, 부회장이 있듯이 화성에서도 필요하다고 생각했어요. 마지막으로 탐험가는 정착하려는 곳에서 탐험을 통해 위험한 것이 있는지 없는지 확인해야 해서 골랐어요."

모둠 토론을 시작합니다. 모둠원들이 선정한 5인 가운데 의견이 일치되지 않은 인물을 골라 근거를 토론하면 아이들이 적극적으로 참여하게 됩니다.

"나는 농부가 제일 중요하다고 생각해. 먹는 것이 가장 중요하니까 농사를 지어서 식량을 많이 만들어야 사람들이 살 수 있잖아."

"과학자를 가장 먼저 우주선에 태워야해. 이유는 우주에 갈 때 우주선을 잘 조정해야 화성에 갈 수 있기 때문이야. 농부는 태우지 않았는데, 그건 지구에서 먹을 것을 많이 가져가면 농부가 필요 없기 때문이야."

"나도 농부가 1순위는 아니지만 중요하다고 생각해. 우주에 가서 계속 살아야 한다면 농사를 잘 지어야 계속 먹을 것이 생기기 때문이야. 난 군

화성에서 인류를 구하라 (3)조

처음

	과학자	탐험가	농부	의사	기술자	봉사자	군인	대통령	교수	동물전문가
	1	2								
	3	4	3							
	1	5	2		5			5		
	1	2	3	4	5	4	2	4	3	1

토론 후

	과학자	탐험가	농부	의사	기술자	봉사자	군인	대통령	교수	동물전문가
	1	3								
	3	4	2							
	1	2	2				5			4
	1	2	3	4	5	5	3	4	5	1

최종 순위

1. 과학자	2. 탐험가	3. 농부	4. 동물전문가	5. 군인

인이 제일 중요하다고 생각해. 도착한 곳에서 나를 지켜주는 사람이 필요해. 내가 사는 장소가 안전한 곳이 되어야 사람들이 자기 일에 집중할 수 있지 않을까?."

농부를 1순위로 고른 친구, 고르지 않은 친구, 중간 순위로 고른 친구 세 명이 근거를 들어 설명합니다.

"왜 동물전문가는 아무도 태우지 않는 거야? 나는 동물전문가를 가장 중요하다고 생각했어. 왜냐하면 동물들도 화성에서 살아야 할텐데 동물들을 키우는 방법도 연구해야 한다고 생각했어."

모둠원과 토론을 통해 우주선에 태워야 할 인물이 변경된 학생들은 그 이유까지 정리하게 했습니다.

"지유 말을 들으니까 오히려 기술자보다 동물전문가를 우주선에 태우는 게 더 좋겠다. 생활에 필요한 것은 지구에서 가져오면 되니까 기술자

보다는 동물을 키울 수 있는 동물전문가가 더 좋네. 나는 기술자를 빼고 동물전문가를 태우겠어."

"나도 한 명 바꿀래. 대통령을 태웠었는데 현이 말을 들으니까 군인이 더 필요한 거 같아. 우주선에 5명 밖에 없는데 대통령은 의미 없는 것 같아. 차라리 우리를 지켜줄 군인이 필요해."

"난 처음에 했던 그대로 갈래."

각자 화성에 갈 5인을 근거와 함께 정리한 뒤에는 모둠에서 다수결 원칙을 통해 우주선에 태울 5인을 선정합니다. 근거도 최대한 구체적으로 정리하도록 합니다.

"각자 우주선에 태워야 할 5명이 확정되었으니 우리 모둠에서 최종적으로 누구를 뽑을지 정리해 볼까요?"

"우리가 3명 이상이 공통적으로 우주선에 태웠던 사람은 과학자, 탐험가, 농부였어. 2명씩 나온 사람은 동물전문가, 군인이었어."

"그럼 우리는 과학자, 탐험가, 농부, 동물전문가, 군인으로 하면 되겠네."

"우선순위는 어떻게 할까? 근거도 한 번 더 정리해 보자."

모둠원끼리 서로 협력해서 5명의 우주인과 근거를 적습니다.

"우리 모둠의 1번 인류는 과학자야. 우주에 갈 때 우주선을 잘 조정해야 화성에 갈 수 있기 때문이야."

"2번 인류는 탐험가야. 도착한 곳에 대해 탐험하면서 위험한 것을 미리 발견하여 안전한 땅으로 개발하기 위해 선정했어."

"화성에서 먹을 것을 계속해서 구하기 위해 농사를 지을 수 있는 농부와 동물을 키울 수 있는 동물전문가가 필요해."

"마지막 인류는 군인이야. 그 이유는 나를 지켜주는 사람이 있는 안전한 곳이 되어야 사람들이 자기 일에 집중할 수 있기 때문이야."

모둠에서 우주선에 태울 다섯 명을 근거를 들어서 멋지게 정리합니다.

"생각이 다른 것을 이야기해 보니 다른 사람의 생각도 알게 돼서 좋았어."

"다른 모둠은 어떻게 나왔을까? 궁금한데?"

이 과정을 통해 아이들은 주장에 대한 근거를 만드는 것을 배웁니다. 사람마다 관점이 다르다는 것과 다른 사람을 설득할 때 논리적인 근거가 필요하다는 것을 경험하게 됩니다.

화성에서 인류를 구하라 교수학습안

단계	교수 · 학습 활동	자료(□) 및 유의점(※)
도입	**〈화성에서 인류구하기 놀이〉 토론을 해 봅시다.** ◎ 학습활동 안내하기 〈활동1〉 우주선에 태울 5명 선정하기 〈활동2〉 화성에서 인류구하기 토론하기	
전개	**〈활동1〉 우주선에 태울 5명 선정하기** ◎ 10명의 사람들 중에 우주선에 타야 할 5인의 인류를 여러분들이 선정합니다. 우주선에 타야 할 인물과 근거를 토론하는 놀이입니다. 놀이 순서 ① 10명의 인류 중에 5명 선정하기 ② 우주선에 타는 5명과 근거 말하기 ③ 모둠 안에서 우주선에 태워야 할 5인에 대해 토론하기 ④ 자신의 생각 정리하기 ⑤ 모둠에서 5인 정하기 **〈활동2〉 화성에서 인류구하기 토론하기** ◎ 5명의 인류를 선정한 근거를 말해봅시다. | 5명의 인류 | · **과학자**: 우주에 갈 때 우주선을 잘 조정할 수 있어야 화성에 갈 수 있음. · **농부**: 우주에 가서 계속 살아야 한다면 농사를 잘 지어야 지속적으로 먹을 것이 생김. · **탐험가**: 화성에 도착해서 주변에 대해 탐험하면서 땅을 개발해야함. ◎ 모둠 안에서 우주선에 태워야 할 5인에 대해 토론해 봅시다. ◎ 자신의 생각을 정리해 봅시다. ◎ 모둠에서 우주선에 태울 5인을 선정해 봅시다. | 5명의 인류 | 과학자, 탐험가, 농부, 동물전문가, 군인	① 토론활동지 (기록용) ※ 5인을 선정할 때 반드시 근거를 적도록 한다. ※ 생각이 바뀐 학생들의 이유를 반드시 들어 본다.
정리	◎ 〈화성에서 인류하기〉 토론 소감 나누기	

PART 2

놀이토론과 어울리다

16 회전목마 토론

《회전목마 토론》은 둥글게 자리를 앉아서 회전목마가 돌듯이 자리를 이동하며 하는 토론입니다. 1대 1로 하고, 움직이면서 하는 활동이라서 학생들이 좋아합니다.

모든 학생이 발언하고, 맞은편 상대방만 나의 이야기를 듣습니다. 발언 시간도 짧기 때문에 부담감도 적습니다. 여러 번 반복해서 자기 의견을 말하는 동안 생각이 더 깊어집니다. 많은 친구들의 의견을 들을 수 있어 다른 친구의 생각을 이해하는 데 도움도 됩니다.

많은 선생님들이 고민을 합니다.
'학생들과 부담 없이 할 수 있는 토론은 없을까?',
'모든 학생들이 참여해서 학급 전체의 활기찬 토론 분위기를 조성할 수 없을까?'
이러한 고민을 해결해 줄 수 있는 토론이 회전목마 토론입니다.

회전목마 토론을 통해 자기 생각을 말하거나 다른 사람의 생각을 듣고 요약하는 힘을 기릅니다. 개념 정의, 근거 찾기, 해결 방법 찾기 등에 활용하면서 교실에서 자주 사용할 수 있습니다.

수업 속으로

오늘은 회전목마 토론을 하기로 한 날입니다.
"회전목마 토론 들어본 적 있어요?"
"그런 것도 있어요?."
"처음이에요."
"회전목마는 타봤어요."
역시 경험해 본 학생은 아무도 없습니다.
"어떤 토론일 것 같아요?"
"회전목마타는 것처럼 노는거에요?"
눈치 있는 친구들은 회전목마를 생각하면서 나름대로 짐작합니다.

"회전목마가 돌듯이 자리를 이동하며 자기 생각을 말하거나 다른 사람의 생각을 듣는 토론이에요. 토론에서는 어떤 것이 중요하다고 했죠?"
"말하기와 듣기가 중요해요.", "경청하기요."
"그래 맞아요. 잘 기억하고 있네요. 회전목마 토론은 말하고 듣는 연습을 많이 할 수 있어요."
이제 기본적인 역할과 방법도 설명할 차례입니다.
'학생들이 이해 못 하지는 않을까?' 걱정도 됩니다. 그림도 준비하고 자리 배치와 차례도 화면으로 보여주면서 설명합니다.

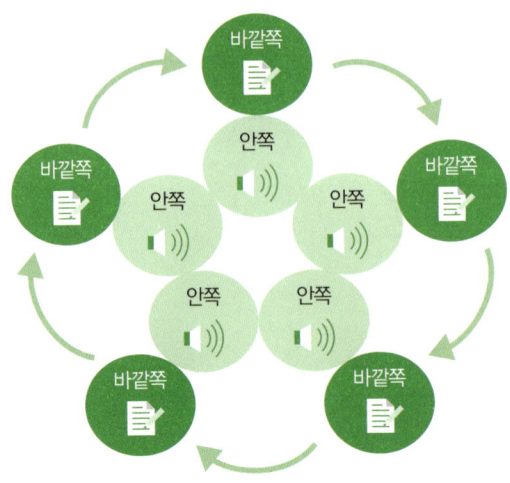

"안쪽 원에 서 있는 사람은 계속 자기 생각을 말하면 됩니다. 바깥 원에 서 있는 사람은 계속 듣기만 해요. 서로 돌아가면서 같은 이야기를 반복하니까 말하기도 쉽겠죠? 듣는 사람은 매번 다른 이야기를 들어서 새로울 거예요."

"진짜 회전목마처럼 돌아가네요."

"재미있을 것 같아요."

대다수 학생들은 반응이 좋습니다. 교실에서 좀처럼 움직이는 않는 친구는 벌써부터 피곤한 표정입니다. 회전 목마 토론을 낯설어합니다. 그래도 흔들릴 순 없지요? 내 시선을 하고 싶어 반짝이는 눈동자 쪽으로 옮깁니다.

"여러분은 별명들이 있나요?"

"감자요.", "공주요.", "킹콩이요.", "잘생김으로 불리고 싶어요."

다양한 별명들이 나옵니다.

"별명을 부르거나 들을 때 기분이 어때요?"

"괜찮아요."

"친해진 것 같아요."

"외모에 관련되어서 싫어요."

"좋은 별명을 갖고 싶어요."

자기 별명이 마음에 드는 친구를 물으니 좋다는 친구, 싫다는 친구로 의견이 나뉩니다.

첫 회전목마 토론이라서 학생들과 밀접한 주제로 선정했습니다.

"오늘은 〈친구의 별명을 불러도 되는가〉에 대해서 해 봐요."

"재미있을 것 같아요."

"저도 친구 별명을 자주 불러요."

"저는 별명 부르는 것이 너무 싫어요."

아이들의 말을 들으며 준비한 활동지를 나누어 줍니다.

"활동지에 여러분 생각을 써 볼까요? 자기 생각을 쓸 때는 주장과 이유를 함께 써야 해요. 예를 들면, 친구의 별명을 불러도 된다고 생각합니다. 때와 장소를 구별하면 예절에 어긋난다고 할 수 없습니다."

"선생님이 말씀하셨던 것 그대로 써도 되요?"

말한 것을 참고해서 써도 된다고 했습니다.

오늘 수업에 참여한 학생은 24명입니다. 8명씩 3모둠으로 나누어 각각 원을 만들었습니다. 짝수라서 다행입니다. 인원이 맞지 않으면 교사가 참여해도 되지만 학생들이 말하기를 조심스러워하기 때문입니다.

"자 그럼 안에 있을 사람과 밖에 있을 사람을 나누어요."

4명씩 역할을 나눈 모둠도 있지만 그렇지 못한 모둠은 결국 가위바위보를 합니다.

"발언 시간은 2분이에요. 최대한 시간을 채워서 말해봐요"

"30초도 못 할 것 같아요."

벌써부터 앓는 소리입니다.

"지금부터 시작!" 이야기한 후 아이들이 토론하는 모습을 관찰합니다.

"별명을 부르는 것은 친한 사이에서 흔한 일입니다. 친근하게 별명을 부르면 관계가 좋아집니다. 오히려 별명이 없다면 소외감이 느껴지거나 어색할 수 있습니다."

첫 발언을 한 지민이는 짧게 이야기하고 머뭇거렸습니다. 다음 친구를 만나더니 근거가 더 해집니다.

"별명을 만들려면 친구를 주의 깊게 관찰하고 그 친구의 특징을 찾아서 어울리는 단어를 생각해야 하기 때문에 관심도 생깁니다."

처음에는 짧은 문장이었지만 의견을 이야기할수록 근거도 많아집니다.

〈친구의 별명을 불러도 된다〉에 반대하는 은우의 의견도 들어봅니다.

"별명을 부르는 행동으로 인해 친구 사이에 갈등이 생길 수도 있습니다. 친구의 단점이나 싫어하는 부분을 별명으로 부르면 상처받을 수 있습니다."

다음 차례가 되자 좀 더 발전된 의견이 나옵니다.

"순수한 자기 이름이 있습니다. 부모님께서 예쁘게 지어주신 자신의 이름이 있는데 별명을 부를 필요가 없다고 생각합니다."

마지막으로 바깥 원에 앉은 친구가 들은 내용을 종합해 발표합니다. 처음에는 움직이는 것도 서툴고 시간이 남아 어쩔 줄 모르는 학생들도 많습니다. 평소에 친분이 없는 친구와 일대일로 이야기하는 것도 낯설어 합니다. 타이머가 울리며 바깥쪽에 앉은 친구가 한 칸 옮겨서 들은 이야기를 전달합니다. 점점 회전목마가 돌고 시끌벅적하면서 점점 학생들이 여유로운 표정입니다. 같은 의견을 이야기하면서 생각도 깊어집니다. 저도 조금씩 여유가 생깁니다.

마지막으로 발표를 들으며 활동을 마무리합니다. 어떤 생각이 들었는지 물었습니다. 친구 얼굴을 마주 보니 부끄럽다는 아이, 동시에 이야기 하니까 부끄럽지 않다는 아이가 있습니다. 여러 의견을 들으니 좋았던 아이, 같은 이야기를 계속 하다 보니 생각이 깊어졌다는 아이가 있습니다. 경청하는 훈련이 되어 좋다는 말도 나옵니다. 긍정적인 대답이 많아 힘이 납니다.

"다들 처음인데 적극적으로 모두 참여해 주어 선생님은 행복해요. 다음에 또 해 볼까요?"

오늘 토론은 학생들에게 소중한 경험이 되었습니다. 평소 목소리를 듣기 어려운 학생들도 참여하는 것을 보니 흐뭇합니다. 토론 전과 토론 후 달라진 자기 모습을 아이들도 언젠가는 알게 되겠지요?

회전목마 토론 교수학습안

단계	교수·학습 활동	자료(□) 및 유의점(※)
도입	회전목마 토론을 해 봅시다. ◎ 학습활동 안내하기 〈활동1〉 의견 정하기 및 근거자료 준비하기 〈활동2〉 회전목마 토론하기	※여러 학생이 동시에 발언을 하기 때문에 소란스러워질 수 있음을 미리 안내한다.
전개	〈활동1〉 입장 정하기 및 근거 자료 준비하기 ◎ 논제에 대한 각자의 의견을 활동지에 적어봅시다. 〈활동2〉 회전목마 토론하기 ◎ 토론 순서를 알아보고 자리를 배치합시다. 　놀이 순서 　① 안쪽 사람은 자신이 메모한 것을 보며 상대 토론자에게 말하고 바깥쪽 사람은 상대 토론자의 의견을 잘 듣고 활동지에 정리하기 　② 제한 시간이 지나면 바깥쪽 사람만 자리를 오른쪽으로 한 칸 이동하기 　③ 바깥쪽 사람이 이전에 듣고 메모한 내용을 상대 토론자에게 말하기. 안쪽 사람은 바깥쪽 사람이 한 말을 듣고 자신의 의견을 더하여 말하기 　| 찬성 | 반대 | 　친구의 별명을 불러도 된다고 생각합니다. 별명을 불러서 더욱더 친해질 수 있으며 소속감을 느낄 수 있습니다. 별명을 부른다는 것은 그 친구의 특징, 장점 등을 자세히 안다는 것입니다. | 친구의 별명을 부르면 안 된다고 생각합니다. 별명을 부르는 사람은 기분이 좋더라도 듣는 사람은 기분이 좋지 않습니다. 이것은 언어폭력이 될 수 있습니다 ◎ 바깥에 앉은 친구들은 내용을 정리해 발표해봅시다.	① 활동지 ② 타이머 ※짝이 안 맞는 경우에는 교사가 그 자리를 채워 인원수를 맞춘다. ※주제 또는 학년에 따라 발언 시간을 조정한다. ※의자 없이 두 개의 원을 만들어 서서 토론을 하면 학생들의 역동적인 참여를 이끌어낸다.
정리	◎ 회전목마 토론 소감 나누기 ◎ 토론 하기 전과 후의 생각이 어떻게 달라졌는지 이야기해 봅시다.	

17
둘 가고 둘 남기 토론

《둘 가고 둘 남기 토론》은 모둠 구성원의 일부가 다른 모둠에 가서 정보를 모아 모둠 생각을 정리하는 토론입니다. 주제에 대한 모둠 생각을 하나로 모은 후 정보를 수집하는 역할과 나누어 줄 역할을 정합니다. 정보를 수집하는 사람은 다음 모둠의 생각을 듣고 정보를 나누는 사람은 모둠으로 찾아오는 친구에게 모둠 생각을 설명합니다. 모둠 간 정보 주고받기 활동이 끝나면 자기 모둠으로 돌아와 모아온 정보를 설명하고 전달합니다. 자기 모둠의 처음 생각과 수집된 정보를 바탕으로 모둠의 최종 생각을 정합니다.

《둘 가고 둘 남기 토론》은 개인, 소집단, 대집단 학습을 모두 경험하고 정보 주고받기 단계에서 활발한 토론이 이루어집니다. 찬반 토론부터 다양한 생각을 모으는 토의까지 교과에 맞는 주제로 다양하게 활용할 수 있습니다.

아이들은《둘 가고 둘 남기 토론》과정에서 미처 생각하지 못한 알토란 같은 정보를 얻게 됩니다. 협력과 집단 지성의 힘을 느끼는 순간이지요. 혼자서는 빨리 가지만 함께 가면 멀리 갈 수 있습니다. 생각하는 힘도 마찬가지입니다. 함께 도와가며 풍부한 생각을 만들어 가기를 바랍니다.

수업 속으로

살랑살랑 시원한 바람이 붑니다. 가을이 왔나 봅니다. 생각나는 것에 대해 물으며 가을 프로젝트를 시작합니다.
"가을 하면 뭐가 생각나나요?"
"단풍", "낙엽", "은행"
"고추잠자리, 추석, 코스모스요."
자신이 알고 있는 모든 것을 말하겠다는 듯 외칩니다.
"오늘은 가을의 특징을 공부할 거예요. 사진을 보고 가을의 특징을 생각해보세요. 포스트잇에 적어도 좋습니다."
가을의 풍경과 생활 모습이 나타난 사진을 보며 아이들이 분주하게 생각을 적습니다.

각자 생각을 토대로 모둠 토론을 시작합니다.
"이제 7분 동안 모둠 생각을 모아 모둠판에 붙여 보세요."
7분 동안 열띤 토론을 거쳐 1 모둠의 생각이 나왔습니다.

하늘이 맑습니다, 단풍잎이 떨어집니다, 단풍잎이 울긋불긋 합니다, 잠자리가 꽃에 앉았습니다, 벼가 많이 자랐습니다, 꽃이 많이 피었습니다, 아이들이 외투를 입고 있습니다.

같은 생각은 하나로 모으고 주제에 맞지 않은 생각은 뺍니다. 어설픈 생각은 토론을 거쳐 더 정교화 되었습니다.

평소 모둠 토론이라면 모둠별 발표를 하겠지만《둘 가고 둘 남기 토론》은 다음 단계로 넘어 갑니다.

"모둠별로 가을 특징에 대해 잘 정리했네요. 이제《둘 가고 둘 남기 토론》으로 다른 모둠의 생각을 듣고 우리 모둠의 생각을 고쳐보는 활동을 할 거예요."

"둘 가고 둘 남기 토론은 어떻게 해요?"

궁금해하는 아이를 위해 토론 방법을 설명합니다.

"우리 모둠 생각을 두 명은 모둠에 남아 설명하고 두 명은 다른 모둠에 가서 듣고 생각을 모아오는 거예요."

"내가 갈래!"

설명이 끝나기도 전에 은찬이와 하진이가 외칩니다.

"은찬이와 하진이는 생각을 모아오는 사람이 하고 싶은가 보네?"

"네, 돌아다니면 재미있어요!"

"그래? 가는 사람과 남는 사람이 해야 할 일을 생각해보고 모둠에서 역할을 나누어 보는 게 어때?"

아이들은 돌아다니고 싶은 마음을 진정시키고 역할 설명을 집중해 듣습니다.

"모둠에 남는 사람은 우리 모둠의 생각을 잘 설명해야 해요. 그럼, 다른 모둠에 가는 사람은?"

"생각을 가지고 와요."

"다른 모둠에 가서 잘 듣고 기억해야 해요."

다른 모둠에 가는 사람은 생각을 듣고 우리 모둠 친구들에게 잘 설명해주어야 한다고 말해줍니다.

아이들은 자신이 잘하는 것을 생각하고 모둠 역할을 정합니다. 모둠에 남을 사람 두 명, 다른 모둠에 갈 사람 두 명을 정합니다. 은찬이와 하진이는 잘 기억하고 글씨도 잘 쓰니 가는 사람을 하겠다고 합니다. 자동으로 나머지 두 명은 설명하는 역할이 되었습니다. 다른 모둠도 역할 정하기가 끝났습니다.

"역할이 다 정해진 것 같네요. 이동 순서는 우리 모둠 번호에 더하기 1을 하면 돼요. 그럼, 1모둠은 어떤 순서로 가게 될까요?"

"2-3-4-5-6 모둠이요."

"잘 알고 있네요. 시간은 3분입니다. 타이머가 울리면 다음 모둠으로 이동합니다. 시작!"

기다리거나 먼저 끝내는 친구들 없이 동시에 다음 모둠으로 이동하기 위해 제한 시간을 주었습니다. 옆 모둠으로 이동하는 소리가 시끌벅

적합니다.

아이들은 이동한 모둠에 앉아 우리 모둠에서 생각하지 못했던 것이 무엇이 있나 집중하며 듣습니다.

"이거 우리 없는 거네. 네가 이거 적어."

"응"

다른 모둠에 와서 설명을 듣던 친구들은 기억하기가 어려웠는지 포스트잇에 '하늘이 맑습니다.'와 '열매가 주렁주렁 열렸습니다.'를 적습니다.

"띠디딕 띠디딕"

타이머가 울리자 일제히 다음 모둠으로 이동합니다. 같은 방법으로 다섯 번의 토론을 하고 마지막 타이머 소리에 맞추어 자기 모둠으로 돌아갑니다.

"이제 다른 모둠에서 모은 생각을 바탕으로 모둠의 최종 생각을 정리해 모둠판에 붙여주세요. 시간은 5분입니다."

"빨리 말해 봐."

모둠에 남아서 설명을 했던 도현이가 조급하게 묻습니다.

"코스모스가 활짝 피었습니다. 잠자리가 날아갑니다."

"열매가 주렁주렁 열렸습니다. 열매가 떨어집니다."

다른 모둠에서 모은 생각을 하나둘 이야기합니다.

"다 없으니까 모둠판에 붙이면 되겠다."

우리 모둠 생각과 다른 모둠 생각을 모읍니다. 5분이 지난 후 모든 모둠의 생각을 듣습니다.

"1 모둠부터 발표해 볼게요."

하늘이 맑습니다, 단풍잎이 떨어집니다, 단풍잎이 울긋불긋 합니다 잠자리가 꽃에 앉았습니다, 벼가 많이 자랐습니다, 꽃이 많이 피었습니다, 아이들이 외투를 입고 있습니다. 코스모스가 활짝 피었습니다. 잠자리가 날아갑니다. 열매가 주렁주렁 열렸습니다. 열매가 떨어집니다.

"저거 우리가 한 건데?"

'열매가 주렁주렁 열렸습니다.'를 본인들이 생각한 거라고 뿌듯해하며 옆 모둠 친구가 말합니다.

"저거는 우리 거잖아."

다른 모둠 친구들도 덩달아 이야기합니다. 비슷한 내용이 몇 개 보이지만 다른 모둠에서 모은 생각이 더해져 처음보다 더 풍성해졌습니다.

모든 발표가 끝나고 가을 특징을 정리한 후《둘 가고 둘 남기 토론》소감을 물었습니다.

"오늘 토론 활동의 소감을 말해 볼까요?"

"설명할 때 친구들이 웃고 잘 들어 줘서 좋았어요."

"처음에 어려워서 잘 몰랐거든요. 근데 다른 모둠이 알려줘서 많이 알게 되었어요."

"생각을 더하는 것 같았어요."

소감을 들으니 토론에 열중하던 아이들 모습이 떠오릅니다. 설명하는 아이, 설명 듣는 아이 모두 역할에 집중했습니다. 하나 같이 웃는 얼굴로 말이지요. 평소 짜증 많은 아이가 활짝 웃으며 설명을 듣던 모습이 기억에 남아 이유를 물었습니다. 재미있고, 또 하고 싶다 합니다.《둘 가고 둘 남기 토론》을 통해 즐거웠다니 다행입니다. 정보를 주고받으며 생각이 풍부해지는 놀라움도 경험했기를 기대하며 토론을 마칩니다.

둘 가고 둘 남기 토론 교수학습안

단계	교수·학습 활동	자료(□) 및 유의점(※)
도입	《둘 가고 둘 남기》 토론을 해 봅시다. ◎ 학습활동 안내하기 〈활동1〉 주제 제시하기 〈활동2〉 《둘 가고 둘 남기》 토론하기	
전개	〈활동1〉 주제 제시하기 ◎ 가을에 대해 생각나는 것이 무엇인지 말해 봅시다. – 가을 하면 생각나는 것을 생각하여 발표한다. 〈활동2〉 《둘 가고 둘 남기 토론》 하기 ◎ 가을의 특징에 대해 생각한 후 모둠의 생각을 정리해 봅시다. – 가을의 자연환경과 생활 모습을 정리한다. ◎ 다른 모둠으로 이동하여 정보를 모아 올 역할과 모둠에 남아서 설명할 역할을 정하여 봅시다. – 자신이 잘할 수 있는 것을 생각하고 의논하여 역할을 정한다. ◎ 다음 모둠으로 옮겨 가서 생각을 모아 봅시다.(모둠 수 만큼 진행) – 역할에 맞게 모둠의 생각을 설명하고 다른 모둠의 생각을 모으는 활동을 모둠 수 만큼 이동하여 토론을 한다. ◎ 원 모둠으로 돌아가 최종 생각을 정리해 봅시다. – 원 모둠의 처음 생각과 다른 모둠에서 수집해 온 정보를 바탕으로 최종 생각을 정리한다. 토론 순서 ① 모둠 토론하기 ② 역할 정하기 ③ 모둠 이동하여 토론하기 ④ 원 모둠으로 돌아가 최종 생각 정하기 ◎ 모아 온 정보를 바탕으로 한 최종 생각을 발표해봅시다. – 우리 모둠의 생각과 같은 점, 다른 점을 생각하며 발표를 듣는다.	① 가을 풍경과 생활모습이 드러난 사진, 포스트잇, 모둠판 ※타이머나 종을 이용해서 다음 모둠 이동을 알려준다.
정리	◎ 《둘 가고 둘 남기 토론》 소감 나누기	

18 신호등 토론

《신호등 토론》은 초록, 빨강, 노랑색 카드로 주제에 대한 입장을 표시하는 토론입니다.

토론의 형식도 간단합니다. 주제에 대해 각자 입장을 정하고 신호등 카드로 표시합니다. 초록, 빨강, 노랑색 카드는 찬성, 반대·유보를 나타냅니다. 근거를 말하고 궁금한 점은 질문을 주고받은 후 최종 입장 표시를 합니다. 최종 입장이 바뀐 친구들의 이야기를 들어 보고 토론 결과를 정리합니다.

《신호등 토론》은 명확하고 간편하게 의견 표출이 가능하여 저학년도 할 수 있습니다. 카드를 사용하기에 여러 사람 생각을 직관적으로 볼 수 있고 재미있게 참여할 수 있습니다. 의견에 대한 찬성, 반대를 빨리 구하고 생각의 변화과정을 보려고 할 때 사용하면 좋습니다.

《신호등 토론》은 쉽게 의사 표시를 할 수 있습니다. 친구들의 생각을 보고 들으며 생각을 만들어 갑니다. 10명이든 100명이든 모두가 참여할 수 있는 《신호등 토론》의 즐거움에 빠져들게 됩니다. 토론이라면 어렵고, 힘들다고 생각하는 선생님들도 《신호등 토론》의 즐거움에 빠져 보시기 바랍니다.

수업 속으로

"얘들아, 우리 재미있는 것 해볼래?"
"와!, 선생님이 재미있는 것 한대!"
"무슨 놀이해요?"
"〈신호등 토론〉을 할 거예요."
토론이라고 하니 좋다 말았다는 듯 시무룩해집니다.
"신호등은 무슨 색이죠?"
아이들이 큰 소리로 빨강, 초록, 노랑을 외칩니다.
"맞아요. 그럼 선생님이 이야기하는 것을 듣고 자신의 생각을 색깔로 골라볼까요?"
시무룩했던 표정에 호기심이 어립니다.
"지난 시간에 이웃들과 식당에서 지켜야 할 일을 배웠을 때 노키즈존이 있다는 것을 알았어요. 노키즈존이 무엇이라고 했나요?"
"아이들이 들어가지 못하는 곳이요"
노키즈존은 영유아나 어린이의 출입을 금지하는 곳, 일반적으로 어린 아이를 동반한 고객들의 출입을 금지하는 음식점, 카페라고 설명해줍니다. 여러 사람이 이용하는 식당 등의 상점에서 아이들이 과도한 행동으로 다른 손님에게 손해를 끼치는 일이 늘어나 생기게 되었다고 덧붙이며 아이들의 생각을 묻습니다.

"여러분은 노키즈존이 필요하다고 생각하나요?"
여기저기서 예, 아니오를 외칩니다.

"생각들이 다르네요? 여러분의 생각을 알아볼게요. 노키즈존이 필요하다고 생각하면 초록, 그렇지 않으면 빨강, 생각을 정하지 못하였으면 노랑색 카드를 들어주세요."

신호등 카드에서 초록색은 찬성, 빨강은 반대, 노랑은 유보를 나타냅니다. 아직 찬성, 반대라는 말을 모를 수 있으니 풀어 설명합니다. 카드 하나만 주었을 뿐인데 만지작거리며 얼른 들고 싶어 안달이 납니다.

카드를 들고 주위를 둘러보며 지훈이가 외칩니다.

"초록색이 더 많아요!"

"그렇네요? 노키즈존이 필요하다고 생각하는 친구들이 많네요"

"와!! 우리 편이 이겼다."

지훈이와 준수에게 초록색이 많아 좋냐고 물으니 그렇다고 합니다.

"지훈이랑 준수는 같은 생각이 많아서 좋구나, 선생님은 초록색, 빨강색, 노랑색이 골고루 있어서 좋아요"

사람들의 얼굴과 성격이 다양하듯 생각이 다를 수 있음을 설명합니다. 초록색이 많다고 해서 옳고, 빨강색이 적다고 해서 틀린 생각이 아니라는 점도 덧붙입니다.

노키즈존이 필요하다는 친구들의 생각을 들어봅니다.
"노키즈존이 없으면 식당에서 눕고 뛰어다녀서 어른들에게 방해가 될 것 같아요"
"어른들이 신경을 안 쓰면 아이들이 다치고 못 찾을까 봐요"
이번에는 반대 생각을 들어봅니다.
"못 들어가는 곳이 없으니까 좋아요."
"예의를 지키는 아이들도 있고 예의를 안 지키는 아이도 있는데 모두 안 지킨다고 생각하는 것은 편견이에요."
아이들이 저마다 생각한 이유를 말합니다.

이제는 서로 주고받는 말하기 시간입니다. 서로 반대 입장의 친구들에게 질문을 합니다. 반대 의견을 낸 친구가 질문합니다.
"노키즈존이 점점 많아지면 갈 곳이 없어지는데 그때는 어떻게 할 거야?"
"다른 곳으로 가."
"집에 있어."
이번에는 찬성 의견을 낸 친구들이 질문을 합니다.
"노키즈존이 없으면 아이들이 많이 와서 더 위험해지면 어떡해?"
"어른들에게 부탁해서 아이들 장난 못 치게 하면 돼."

질문 주고받기는 어려운 과정이지만 자신의 입장에 맞게 질문과 답을 고민하면서 대화를 이어 갑니다.

질문 주고받기가 끝나고 최종 입장을 신호등 카드로 표시합니다. 찬성 19, 반대 7입니다. 생각이 바뀐 친구가 있냐고 물으니 지민이와 원준이가 손을 듭니다. 지민이는 생각을 정하지 못했다가 찬성으로 바꾸었다고 하며 이유를 말합니다.

"아이들이 시끄럽게 하거나 울면 다른 사람들이 피해를 받아서요."

이번에는 찬성에서 반대로 생각이 바뀐 원준이가 말합니다.

"제가 가보고 싶은 곳이 노키즈존으로 되면 못 가니까요."

〈신호등 토론〉을 하며 자신의 생각이 더 확고해지기도 변하기도 했습니다.

"여러분 〈신호등 토론〉에서 무엇을 했나요?"

"신호등 카드로 생각을 나타냈어요."

"친구들 생각을 듣고 이유 말하기요."

아이들의 답이 모두 토론 과정이라고 말해줍니다. 내 생각과 친구의 생각이 다를 수 있음을 알고 궁금한 질문을 주고받는 과정에서 내 생각이 변할 수도 있고 더욱 확고해질 수도 있다고 말이지요.

처음으로 해 본《신호등 토론》에 대해 물었습니다.

"어려울 줄 알고, 힘들 줄 알았는데 재미있어요. 집에 가서도 하고 싶어요"

늘 조용하던 다솜이가 손을 번쩍 들어 소감을 말하니 윤성이가 웃으며 뒤이어 말합니다.

"생각하는 것이 어려웠는데 친구들의 생각이 좋은 것 같아요."

초등학교 1학년들의 《신호등 토론》이 끝났습니다. 토론을 하니 수업 시간에 하고 싶은 말이 많은 윤호가 조용합니다. 아마도 주제에 대해 이유를 말하기가 쉽지 않았겠지요. 첫술에 배부를 수 없습니다. 모든 아이들의 신호등 불빛이 깜빡이기를 바라지만 그렇지 못할 수도 있습니다. 하다 보면 깜빡이는 빛들이 더 많아지겠지요. 점점 자기 생각을 다듬어 반짝임을 준비하고 있을 겁니다. 아이들 생각이 얼마만큼 자라게 될지 기대됩니다.

신호등 토론 교수학습안

단계	교수·학습 활동	자료(□) 및 유의점(※)
도입	《신호등 토론》을 해 봅시다. ◎ 학습활동 안내하기 〈활동1〉 주제 제시하기 〈활동2〉《신호등 토론》하기	

전개	〈활동1〉 주제 제시하기
	◎ 노키즈존에 대하여 생각해 봅시다. 노키즈존은 필요한가요?
	
	〈활동2〉《신호등 토론》하기
	◎ 〈노키즈존은 필요하다〉에 대한 입장을 정하고 신호등 카드로 표시해 봅시다.
	  – 주제에 대해 입장을 정한다.
	  – 초록(찬성), 빨강(반대), 노랑(유보)로 입장을 표시한다.
	◎ 찬성, 반대에 대한 근거를 발표해 봅시다.
	  – 찬성, 반대에 대한 근거를 발표한다.
	  – 상대팀 근거에 질문을 주고받는다.
	◎ 〈노키즈존은 필요하다〉에 대한 최종 입장을 신호등 카드로 표시해 봅시다.
	◎ 생각이 바뀌게 된 친구들의 이유를 들어봅시다.
	  – 노랑(유보)에서 초록(찬성), 빨강(반대)를 선택한 이유를 발표한다.
	  – 초록(찬성)에서 빨강(반대), 빨강(반대)에서 초록(찬성)으로 바뀐 이유를 발표한다.
	
	토론 순서
	① 주제 확인 및 입장 정하기
	② 입장 표시 및 근거 발표하기
	③ 최종 입장 표시하기
	
	◎ 최종 입장을 보며 함께 이야기해 봅시다.
		□ 신호등카드
		
		※ 선택이 바뀐 사람이 누구인지 교사가 세심하게 관찰하도록 한다.

정리	◎ 《신호등 토론》 소감 나누기	

19 모서리 토론

《모서리 토론》은 같은 입장을 가진 사람들이 같은 모서리에 모여 서로 의견을 나누고 근거를 강화하는 토론입니다. 자신이 선택한 입장에 따라 몸도 움직이기 때문에 학생들이 흥미를 가질만한 활동입니다. 같은 입장의 사람들이 모여서 공감대 형성이 쉽고, 주제와 의견에 대한 생각을 깊게 할 수 있습니다. 여러 사람과 의견을 나누며 자신이 생각하지 못 했던 근거를 찾으면서 사고의 폭을 넓힐 수 있습니다.

모서리는 보통 4개로 나누어지지만, 주제와 인원에 따라 3~5개도 가능합니다. 다양한 답변이 나올 수 있는 개방형 논제가 좋습니다. 의견을 말하고 반론을 제시할 때는 발언 기회를 공정하게 가지게 합니다.

토론에도 집단지성의 힘을 활용하면 어떨까요? 모서리 토론은 여러 사람의 생각으로 협력하거나 경쟁하는 집단지성을 가볍게 경험하는 토론입니다. 자신의 선택에 대해 반성적으로 검토해보고 좀 더 합리적인 선택을 할 수 있기를 희망합니다.

수업 속으로

"이번 수업은 모서리 토론으로 진행합니다."
"어렵지는 않지요?"
"전에 했던 토론 또 하고 싶어요."
전에 했던 토론이 재미있었나 봅니다.
"오늘도 재미있을 거예요. 어떤 토론일 것 같아요?"
"모서리에서 하는 토론일 것 같아요"
"모둠별로 활동하는거 맞죠?"
토론 이름만 들어도 어느 정도 추측을 하는 모습이 대견합니다.

"모서리 토론은 입장이 같은 사람들이 같은 모서리에 모여 서로 의견을 나누고 근거를 강화하는 토론이에요. 다른 모서리를 선택한 친구들과 질의응답을 하며 다양한 의견을 이해하고 자기 논리도 펼칠 수 있어요."
"찬반 토론은 할 수 없는 건가요?"
"그렇죠. 4개의 선택지로 갈라지는 주제가 좋겠죠? 상황에 따라서 모서리가 3개나 5개도 괜찮아요."
모서리 토론의 뜻을 설명하고 적절한 주제에 대해서도 안내합니다. 주제는 4개의 선택지로 갈라지는 주제가 좋습니다. 가장 좋아하는 색깔, 가장 중요한 행복의 조건, 진정한 우정 등 선택간 편차가 심하지 않은 주제로 토론하면 골고루 모서리가 나누어질 것입니다.
"오늘은 〈자신이 가장 좋아하는 계절〉에 대해 토론해볼까요?"
"저는 봄이 좋아요.", "여름이요."

"9월이 생일이라서 가을이 좋아요."

저마다 좋아하는 계절을 이야기합니다. 여름을 선택한 친구가 9명이나 되어 조정을 해서 균형을 맞춥니다. 학생들이 원활한 토론을 위해 동의해서 다행입니다. 아이 선택에 맡기지만 한 모서리가 너무 많거나 적으면 조정이 필요합니다.

"먼저 활동지에 자신이 좋아하는 계절과 이유를 적어볼까요?"

아이들이 각자 나름의 이유를 생각하며 적습니다. 관심이 많고 쉬운 주제라서 적극적인 모습을 보입니다.

"이제 같은 계절을 선택한 친구끼리 모여 볼 까요?"

24명의 친구가 봄, 여름, 가을, 겨울 모서리로 각자 이동합니다. 각 모서리에 모인 학생들은 사회자와 발표자, 기록자 등 역할을 정합니다. 모두 적극적으로 참여하고 발언하도록 강조합니다. 서로 의견을 공유하면서 근거를 모으고 다른 모서리의 질문도 예상해봅니다.

모서리를 돌아다니며 아이들의 토론을 들어봅니다. 각 모서리마다 사회자가 진행을 합니다.

"봄이 좋은 이유는 기온이 적당해서 놀러가기도 좋고 야외활동을 많이 할 수 있습니다."

"어린이날, 어버이날처럼 의미 있는 날들이 많아서 좋습니다."

"제가 좋아하는 개나리, 벚꽃 등 예쁜 꽃들이 많이 핍니다."

"새학년이 시작되어서 설레기도 합니다."

여름을 선택한 모서리에서도 의견 공유가 한창입니다.

"제일 기다리는 여름방학이 있어서 여름이 좋습니다."
"해가 늦게 지기 때문에 오랫동안 놀 수 있습니다."
"수영장도 많이 갈 수 있고 해수욕장도 갈 수 있습니다."
"시원한 아이스크림도 마음껏 먹을 수 있습니다."
가을 모둠에서는 질의응답을 대비해서 대답을 미리 예상합니다.
"단풍이 예쁘게 들어서 가을이 좋다고 했는데 단풍이 금방 떨어져서 즐거움이 오래가지 않는다고 할 것 같아."
"단풍이 들 때부터 질 때까지 아름다움은 오래가지 않을까?"
"낙엽도 예쁘지 않아? 사진 찍으러 많이 가는데."
서로 힘을 합쳐 상대방의 날카로운 질문을 대비합니다.
겨울을 선택한 모서리에서는 미리 질문도 만들어 봅니다.
"봄에 새학기가 시작되기 때문에 걱정도 많고 긴장도 되지 않을까?"
"여름에 물놀이를 많이 하면 사고도 많이 나고 위험하지 않을까?"
각 계절의 장점과 단점을 생각하며 의견을 나누어 봅니다.
"이제 모서리 대표가 여러 친구들의 의견을 모아서 발표할까요?
봄, 여름, 가을, 겨울 순으로 의견을 이야기합니다.
"겨울은 눈이 오기 때문에 눈싸움도 할 수 있고, 눈사람도 만들 수 있습니다. 썰매장과 스키장은 겨울에만 갈 수 있는 곳입니다. 크리스마스와 설날도 있어서 선물도 받고 용돈도 받을 수 있습니다. 무엇보다 겨울방학이 있어 휴식도 취할 수 있고 한 해의 마지막 날과 새로운 해의 첫날을 보낼 수 있습니다."

모든 친구들 의 이야기를 듣고 나서는 자유롭게 질문과 대답할 수 있는 시간도 가집니다. 미리 만든 질문을 하며 적극적으로 참여합니다.

"겨울에는 너무 추워서 야외 활동을 못 하지 않을까요?"

"실내에서 할 수 있는 운동이나 놀이도 많이 있고 두꺼운 옷을 입으면 괜찮습니다."

미리 예상한 질문이었는지 머뭇거리지 않고 대답합니다. 봄 모둠에게도 날카로운 질문을 합니다.

봄
- 벚꽃이 예쁘게 피기 때문.
- 꽃놀이 할 수 있어서
- 날씨가 좋아서
- 새학기가 시작 되어서
- 피크닉 갈 수 있어서
- 어린이 날이 들어있어서

여름
- 물놀이를 할수있기 때문
- 더운 날씨가 좋기 때문
- 여름방학이 있어서
- 아이스크림을 먹을 수 있어서
- 수박을 먹을 수 있어서
- 영어 캠프에 참여할 수 있어서

가을
- 단풍이 예쁘게 들기 때문.
- 가을에 단풍놀이를 갈수있기 때문
- 명절 한가위날 멀리있던 친척들을 만날수 있어서.
- 가을 바람을 맞으며 등교하면 상쾌해서.
- 가을은 독서의 계절인 만큼 좋아하는 사람과 함께 책을 읽고 이야기 할수있어서.
- 가을 햇빛이 따스해서.

겨울
- 눈이 오면 눈사람을 만들수 있기 때문.
- 따뜻한 곳에서 귤, 군고구마, 군밤을 까먹을 수 있기 때문.
- 크리스마스에 트리를 볼수있기 때.
- 연말(새해) 카운트 다운이 있어서.
- 겨울방학이 있어서.
- 새해가 밝기 때문에.

"봄에는 꽃 알레르기와 황사가 유행하는데 건강에 나쁘지 않을까요?"

"마스크를 쓰면 되지 않을까요? 답답하기는 할 것 같은데 좋은 방법을 더 생각해보겠습니다."

봄을 선택한 친구들은 긴급 회의를 하며 해결 방법을 찾아봅니다.

모든 질의응답이 끝난 후 마지막 최종 선택을 합니다. 토론 전과 토론 후의 생각이 바뀌었는지 확인할 수 있는 시간입니다.

"마지막으로 자기가 좋아하는 계절을 다시 조사해볼까요?"

우리 반 최종 선택은 봄 4명, 여름 7명, 가을 4명, 겨울 9명으로 결정되었습니다. 처음에는 봄 2명, 여름 9명, 가을 7명, 겨울 6명이었는데 봄과 겨울을 발표한 모서리에서 언급한 근거가 마음을 움직였나 봅니다.

"모서리 토론을 한 소감을 들어볼까요?"

"같은 선택을 한 친구들끼리 모여 이야기하니 든든했어요."

"토론 후 마지막 선택에서 생각이 바뀌니 신기했어요."

"모서리가 더 많아도 재미있을 것 같아요."

오늘도 기대한 만큼 활동이 잘 이루어져서 보람을 느낍니다.

모서리 토론은 정답을 찾는 토론이 아닙니다. 다른 사람의 입장을 이해하고 생각을 들어볼 수 있는 좋은 기회입니다. 같은 입장의 사람들과 의견을 나누며 자기 입장을 강화하고, 다른 모서리의 의견을 듣고 이해하면서 자기 선택에 변화도 생깁니다. 교실에서도 이 활동을 통해 사고의 유연성을 길러 보는 것은 어떨까요?

모서리 토론 교수학습안

단계	교수·학습 활동	자료(ㅁ) 및 유의점(※)
도입	**모서리 토론을 해 봅시다.** ◎ 학습활동 안내하기 〈활동1〉 논제 제시 및 모서리 정하기 〈활동2〉 모서리 토론하기	※ 모서리 토론에 어울릴만한 주제를 함께 이야기해본다.
전개	〈활동1〉 논제 제시 및 모서리 정하기 ◎ 〈내가 가장 좋아하는 계절은?〉 ◎ 4가지 모서리를 제시합니다.(봄, 여름, 가을, 겨울) 〈활동2〉 모서리 토론하기 ◎ 모둠을 구성하고 토론 순서를 알아봅시다. 토론 순서 ① 모서리 제시하기 ② 모서리 선택하기 ③ 모서리 토론하기 ④ 모서리 발표하기 ⑤ 전체 토론하기 ⑥ 모서리 최종 선택하기 | 봄	여름
---	---
꽃도 많이 피고 놀러가기 좋은 날씨입니다.	바다와 수영장에서 물놀이도 실컷할 수 있습니다.
가을	**겨울**
예쁜 단풍도 볼 수 있으며 여행하기 좋은 날씨입니다.	눈이 오면 눈사람을 만들 수 있고 눈싸움도 할 수 있습니다.		① 활동지 ※ 주제와 인원에 따라 모서리 수를 변경합니다. ※ 한 모서리에 많은 인원이 배정되지 않고 비슷하게 나눌수 있도록 한다. ※ 개인별로 순위를 결정할 시간을 충분히 주도록 한다.
정리	◎ 가장 기억에 남는 말 이야기하기 ◎ 모서리 토론 소감 나누기	

20 피라미드 토론

《피라미드 토론》은 주제에 대한 여러 생각을 모아 가며 최종 생각을 정하는 토론입니다.

'1:1-2:2-4:4 – 전체 토론' 순서로 진행되고 단계마다 일정 수로 생각을 모읍니다. 1:1 토론에서는 각각 두 개의 생각을 제시하고 이야기를 나눈 후 네 개의 생각을 두 개로 모읍니다. 두 개로 모은 생각은 다른 두 명을 만나 2:2 토론을 거친 후 다시 두 개가 됩니다. 4:4 토론도 마찬가지로 진행됩니다. 마지막 최종 생각을 정할 때는 주제에 따라 개별 투표하기나 모든 생각 채택하기 등의 방법을 선택할 수 있습니다.

《피라미드 토론》은 짧은 시간에 생각을 모을 때나 우선순위를 정할 때 유용합니다. 예를 들면, 우리 반 규칙 정하기, 무인도에 꼭 가져가야 할 물건 세 가지 정하기 등의 주제가 있습니다.

우리는 다양한 사람과 어울리며 살아갑니다. 함께 하는 삶에서 합의를 통해 해결할 일이 생기지요. 합의를 이루려면 상대를 설득하는 과정이 필요합니다. 그 과정을 거쳐 나의 생각이 '우리의 생각'이 됩니다. 생각의 옳고 그름은 없으나 더 좋은 생각은 있습니다. 《피라미드 토론》으로 더 좋은 생각을 찾으면 좋겠습니다.

수업 속으로

학기가 시작되면 즐겁고 안전한 학교생활을 위해 학급 세우기를 합니다. 우리 반 애칭 짓기, 학급 규칙 만들기, 친구 알아보기 같은 활동입니다. 올해도 어김없이 2학기 시작에 맞추어 학급 세우기를 합니다.

"오늘 우리 반 이름 짓기랑 학급 규칙 만들기를 할 거예요. 먼저 가위바위보 고수 찾기 놀이를 해볼까요?"

말이 끝나기 무섭게 짝과 함께 가위바위보를 하는 아이들을 진정시키고 놀이 방법을 설명합니다.

가위바위보 고수 찾기 놀이는 두 명이 짝이 되어 가위바위보를 하고 진 사람이 이긴 사람 뒤에 붙습니다. 이긴 사람은 계속 가위바위보를 하고 끝까지 남는 사람이 고수가 됩니다.

"태권도에서 팔씨름할 때 그렇게 했어요."

설명이 끝나자마자 준서가 말합니다. 아이들이 많이 해본 방법이기에 가위바위보 고수 찾기 놀이를 바로 시작합니다.

"가위바위보, 와, 이겼다!"

"나 이겼어, 이긴 사람 나랑 해."

진 사람이 이긴 사람의 어깨를 잡고 이긴 사람은 다음 상대를 찾아 나섭니다. 몇 번을 계속해서 이긴 세 명의 아이들이 마지막으로 붙어 가위바위보 고수 지민이가 탄생합니다.

"지민이가 가위바위보 한 사람을 알려줄래요?"

가위바위보 고수 지민이에게 질문을 합니다.

"아영이랑 하고 이겨서 도솔이랑 하고, 또 이겨서 시은이랑 하고, 하준이랑 준서랑 해서 이겼어요."

지민이가 말하는 친구를 동그라미로 칠판에 그립니다. 동그라미 아래에 자석을 두 개씩 붙여 가며《피라미드 토론》을 설명합니다. 각자 두 개의 생각을 제시하고 '1:1 – 2:2 – 4:4 – 전체 순서'로 토론하며 단계마다 네 개의 생각을 두 개로 모아 간다고 알려줍니다.

"가위바위보 놀이랑 비슷하네. 쉽겠다!"

설명이 끝내자 아이들이 말합니다.

가위바위보 고수 찾기 놀이랑《피라미드 토론》이 비슷하지만 다른 점을 생각해보게 합니다.

"그럼, 가위바위보 고수 찾기 놀이에는 없고,《피라미드 토론》에는 있는 것은 뭘까요?"

"《피라미드 토론》에는 토론이 있어요."

"생각과 말이 있어요."

피라미드 토론은 질문을 주고받으며 주제에 대한 생각과 근거를 말하

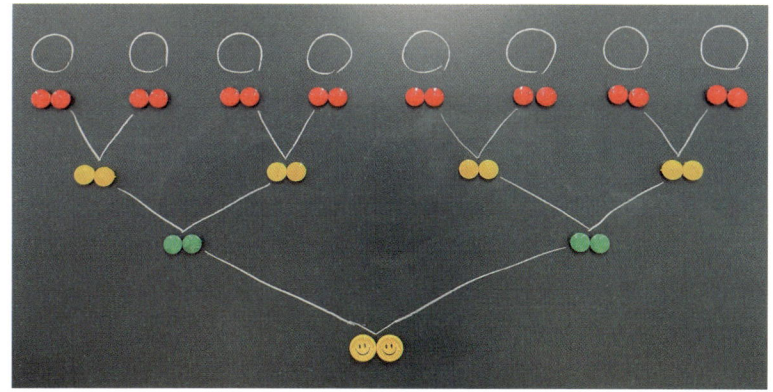

고 더 나은 생각을 찾아가는 과정이 중요하다고 말했습니다. 가위바위보나 찍기로 생각을 정하는 것은 안 된다고 덧붙이며 토론 주제에 대해 이야기합니다.

"여러분이 바라는 교실은 어떤 교실인가요?"

"즐거운 교실이요."

"행복한 교실이요."

"멋진 교실이요."

스물여섯 명의 아이들이 바라는 교실에 대해 목청껏 외칩니다.

"이유가 뭐예요?"

"즐거우면 좋으니까요."

내가 바라는 교실에 대해 목청껏 외치던 아이들이 이유를 묻자 좋으면 좋은 거지 그런 걸 뭘 묻냐는 듯 입을 꾹 닫습니다. 이유를 말하기 어려워하는 아이들에게 구체적으로 물었습니다.

"즐거우면 좋은 점이 무엇이 있을까요?"

"학교에 오는 것이 행복해요."

"그런 좋은 점이 있군요. 그럼 《피라미드 토론》으로 우리가 바라는 교실을 찾아보도록 합시다."

모두에게 포스트잇 두 장을 주고 한 장에 한 개의 생각을 적게 합니다. 주장과 이유를 함께 말하기로 약속하며 1:1 토론을 시작합니다.

"선생님, 행복한 우리 반이 두 개예요. 이럴 때는 어떻게 해요?"

"행복한 우리 반이 두 개니까 여기는 모두 세 개의 생각이 나왔네? 여기서 두 개로 모아 봐요."

두 개의 생각으로 모아 가는 1:1 토론이 계속 이어집니다.

"나는 노력하는 우리 반이 되면 좋겠어. 지금까지 노력해 와서 우리 반이 이만큼 잘 지내고 있으니까. 노력하면 뭐든지 할 수 있어서 노력하는 우리 반이 되면 좋겠어."

"나는 멋진 반이 되면 좋겠어. 친구들이 모두 멋지니까."

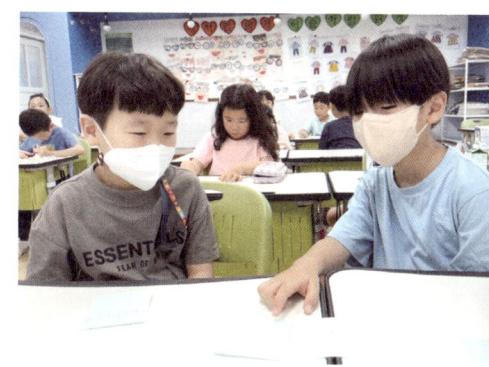

"노력하는 우리 반이 더 좋은 것 같아. 노력하면 뭐든지 할 수 있다는 것이 마음에 들어."

1:1 토론을 거쳐 우진이와 희준이는 '노력하는 우리 반'과 '행복한 우리 반'으로 생각을 모았습니다. 1:1 토론이 교실 곳곳에서 이루어지고 스물여섯 개의 우리가 바라는 교실의 모습이 드러납니다.

다음으로 2:2 토론을 시작합니다.

'노력하는 우리 반과 행복한 우리 반', '멋진 우리 반과 행복한 우리 반'의 생각을 두 개로 모아 갑니다. 우진이는 앞에서 말했던 이유를 들며 보다 또박또박 확신을 가지며 말합니다.

"멋지다는 것은 뭐든지 잘하는 거니까, 우리 반이 멋지면 좋겠어!"

"행복하면 싸우지 않고 학교 오는 것이 즐거우니까 행복한 우리 반이 되면 좋겠어!"

상대팀에서도 근거를 들며 말합니다.

"멋진 것 보다는 모두 행복해서 학교가 즐거운 것이 더 좋아."

"멋지다는 것은 노력하면 될 수 있으니까 노력하는 우리 반이 더 좋겠어."

2:2 토론으로 '노력하는 우리 반'과 '행복한 우리 반'이 정해졌습니다. 4:4 토론까지 끝내니 마흔여덟 개의 생각이 여섯 개로 좁혀졌습니다.

정말 자랑스러운 우리 반   하하호호 우리 반
노력하는 우리 반   항상 웃는 우리 반
든든하고 언제나 웃는 우리 반   예쁜 우리 반

최종 생각은 우리 반이 가장 바라는 모습에 스티커를 붙이는 개별 투표로 정합니다.

"우리 반 친구들이 바라는 교실의 모습은 '노력하는 우리 반'이네요."
"와! 우진이 생각이 됐어요."
"노력하면 뭐든지 할 수 있다고 설명한 것이 좋았어요."
"같이 정했으니까 같이 노력해야 해요."

묻지 않았지만 아이들 스스로 토론 후의 소감을 쏟아 냅니다. 내 생각이 아니더라도 협력해 정한 내용이기에 잘 지키겠다고 합니다. 짧은 토론이었지만 판단하는 사고가 향상되었음이 느껴집니다.

"우리 반이 바라는 모습은 노력하는 것이네요. 그럼, 어떤 노력을 해야 할까요?"

마지막 질문으로 아이들이 함께 정한 규칙을 고민하였습니다.

공부 열심히 하기, 규칙 잘 지키기, 친구와 사이좋게 지내기, 뭐든지 노력하기 등 여러 가지 노력할 점을 이야기합니다.

"와, 노력할 것이 정말 많네요. 한 가지를 정해 꾸준히 지키면 좋겠어요. 우리 모두 함께 노력하는 반을 만들어요."
"네!"

아이들이 힘차게 대답합니다.

《피라미드 토론》은 협력해 의견을 조율하고 공동체 문제 해결, 공동의 합의를 이끌어 낼 때 유용합니다. 《피라미드 토론》으로 교실 속 여러 문제를 아이들과 함께 해결하면 좋겠습니다.

'함께'와 '우리'의 힘으로 '더 좋은 생각'을 찾을 수 있을 것입니다.

피라미드 토론 교수학습안

단계	교수·학습 활동	자료(□) 및 유의점(※)
도입	피라미드 토론을 해 봅시다. ◎ 학습활동 안내하기 〈활동1〉 생각 정하기 〈활동2〉《피라미드 토론》하기	

전개	〈활동1〉 생각 정하기
	◎ 내가 바라는 우리 반의 모습은 무엇인가요?
	◎ 주제에 대한 내 생각을 두 가지 적어 보고 이유를 생각해 봅시다.
	  - 내가 바라는 우리 반의 모습을 두 장의 포스트잇에 각각 한 개씩 적는다.(예: 노력하는 우리 반, 즐거운 우리 반 등)
	
	〈활동2〉 토론하기
	◎ 이야기를 나누며 두 개의 생각으로 모아 봅시다.(1:1에서 4:4까지 진행)
	  - 자신의 생각을 이유를 들어 설명한다.
	  - 각 단계마다 네 개의 생각을 두 개로 모은다.
	
	토론 순서
	① 1:1 토론하기
	② 2:2 토론하기
	③ 4:4 토론하기
	④ 전체 토론하기
	⑤ 최종 생각 정하기
	※ ①~③ 토론 모두 네 개의 생각을 두 개로 모은다.
	
	◎ 모은 생각을 보며 함께 이야기해 봅시다.
	◎ 최종 생각을 선택해 봅시다.
	  - 개별 투표를 진행하여 최종 생각을 정한다.
	◎ 최종 생각에 대해 이야기해 봅시다.
	  - 함께 정한 내용을 바탕으로 우리가 노력할 것을 이야기해 봅시다.
		① 포스트잇 또는 학습지
		
		※토론 후 생각을 정할 때 가위바위보나 찍기의 방법은 하지 않도록 주의를 준다.
		
		※토론 인원에 따라 단계를 가감할 수 있으나 4:4 이상이 되면 집중력이 흐트러질 수 있으니 유의해야 한다.

정리	◎《피라미드 토론》소감 나누기	

21 만장일치 토론

《만장일치 토론》은 모둠원 전원이 합의해서 의견을 결정하는 토론입니다. 친구를 설득하는 과정에서 논리적 사고력과 표현력을 기를 수 있습니다. 당연한 주장이라도 이유를 다시 생각해보고 마지막 1명까지도 설득하도록 노력해야 합니다.

주로 정답이 정해진 내용으로 함께 토론해 초보자에게 적합합니다. 토론하기 전 한 가지 주의할 점이 있습니다. 강압적인 분위기에서 1~2명의 주장으로 끌고 가서는 안 됩니다. 민주적인 방식으로 논리적 설득을 해야 한다는 것을 강조합니다.

민주시민으로서 성장하기 위해서 의사소통능력과 문제해결력 함양이 필요합니다. 서로 다른 의견 차이를 인정하고 극복하는 것이 중요합니다. 의견이 다를 때는 다수결이 아니라 토론을 통해 하나의 의견을 결정하는 만장일치 토론을 하면 어떨까요?

만장일치를 이루는 것이 어렵다고 느껴지시나요? 원래 민주주의는 쉽지 않습니다. 그런 점에서 만장일치 토론은 민주주의를 향한 소중한 경험이 될 것입니다.

수업 속으로

"오늘은 새로운 토론을 해 볼까요?"

"재미있어요?"

"전에 했던 회전목마 토론해요."

새로운 것을 하면 학생들의 반응은 다양합니다.

"친구들과 의견이 다를 때는 어떻게 해결하나요?"

"양보를 해요."

"다수결로 해요."

"가위바위보로 정해요"

아이들이 다양한 방법을 이야기합니다.

"오늘은 만장일치 토론으로 정하면 어떨까요?"

"어려울 것 같은데요. 만장일치가 가능해요?"

만장일치는 어렵지만 우리 반은 잘 될 가능성이 있다고 말했습니다.

"와! 좋아요. 한 번 해봐요."

일단 시작이 반이라고 안심이 됩니다.

"만장일치 토론은 친구들 모두가 합의해서 의견을 결정하는 토론이에요. 모든 사람들이 존중받으면서 토론에 적극적으로 참여하는 것이 중요해요."

"평소에 의견 모으기가 어려운데 잘 할 수 있을까요?"

아이들이 불안한지 걱정합니다.

"만장일치 토론을 하면 좋은 점이 많아요. 친구를 설득하면서 논리적

사고력도 기를 수 있고, 토론에 소외되는 친구도 없어요."

장점들을 이야기하자 흥미를 가지며 집중하는 분위기입니다.

"만장일치 토론에서 주의할 점은 어떤 것들이 있을까요?"

"친구를 억지로 설득하면 안 돼요."

"친구 의견을 존중해요."

유의사항을 꼭 지키며 토론하기로 약속합니다. 논제를 제시하기 전 학생들의 생각을 물어봅니다.

"혹시 어린이 날에 어떤 선물을 받고 싶어요?"

"휴대폰을 갖고 싶어요."

"게임기 받고 싶어요."

각자 갖고 싶은 선물을 이야기해서 시끌벅적합니다.

"오늘은 〈초등학생이 어린 날에 받고 싶은 선물〉순위를 맞춰보는 만장일치 토론을 할 거에요."

"재미있을 것 같아요."

"맞출 수 있어요."

순위를 매겨야 할 의사결정 상황과 선택할 대안이 들어있는 활동지를 나누어줍니다. 모둠별 작은 칠판이나 종이도 함께 나누어주면 토론하는데 도움이 됩니다. 정답이 있는 주제라서 객관적 통계가 있는 자료도 준비합니다.

"장난감, 자유시간, 용돈, 휴대폰, 반려동물 중에서 1~5위를 선정해볼 거예요. 토론 후 모둠이 정한 답과 실제 답을 비교해 봐요. 개인별로 순위를 정한 후 모둠에서 만장일치 토론으로 순위를 결정해봅시다."

처음이라서 5개 순위를 제시하지만 익숙해지면 더 많은 상황을 제시해도 됩니다. 학생들은 순위를 매길 때 흥미를 많이 가지므로 적극적인 토론이 예상됩니다.

"먼저 개인별로 순위를 정할 시간을 줄 거예요. 초등학생이 받고 싶은 선물 1~5위까지 순위를 자기 생각대로 정해보자"
"용돈이 제일 순위가 높을 것 같아. 돈만 있으면 다 살 수 있잖아."
"최신형 휴대폰이 1위이지 않을까?"
학생들은 고민에 빠집니다. 혼자서 생각할 시간이 충분해야 깊이 있는 토론이 될 것입니다.
"이제 모둠별로 토론을 해볼까요? 정해진 시간 안에 만장일치로 순위를 정해야해요. 민주적인 방식으로 해야 하고 모두가 합의해야 합니다."
개인 의견을 모아 모둠에서 만장일치 의사결정을 하는 중요한 활동입니다. 다양한 의견을 하나로 모으는 과정은 어렵습니다.
"휴대폰, 용돈, 반려동물, 장난감, 자유 시간 순서일 것 같아. 휴대폰이 제일 비싸고 사기 어렵잖아."
"나는 자유시간이 제일 높을 것 같은데. 시간은 돈으로 살 수 없고 그 시간에 게임을 하고 친구도 만나고 싶어."
"반려동물이지 않을까? 평소에 키운다고 이야기하면 혼이 나는데 이럴 때 기를 수 있잖아?"
"그래도 우리 모둠에는 용돈 1위, 휴대폰 2위 의견이 많네."
여러 사람이 함께 토론을 하니 혼자 우선순위를 정할 때 보다 논리적인 모습이 많이 보입니다. 치열하게 설득을 하는 과정과 의견을 수용하

는 모습이 대견합니다.

"이제 모둠별로 만장일치 토론으로 정한 최종 순위를 발표해볼까요?"
"저희 모둠은 용돈을 1위로 정했습니다. 돈이 있으면 모든 것을 살 수 있고 필요할 때 나중에 쓸 수 있습니다. 2위는 휴대폰을 정했습니다. 최신형 휴대폰은 많이 비싸기 때문에 선물로 받으면 좋습니다. 3위는 자유 시간입니다. 게임도 실컷 하고 싶고 숙제도 없는 하루가 소중합니다. 4위는 반려동물입니다. 평소에 이야기하면 혼이 나기 때문에 선물로 받을 수 있는 좋은 기회입니다. 5위는 장난감입니다. 레고나 인형 등을 선물로 받으면 잘 가지고 놀 수 있습니다."

나름대로의 근거를 들며 모둠별로 각자 순위를 발표합니다. 모둠마다 대부분 1~2순위는 스마트폰과 용돈으로 비슷하지만 나머지 순위는 다양합니다.

"발표 잘 들어보았어요. 그럼 실제 설문조사 결과를 살펴볼까요? 과연 어느 모둠이 제일 비슷하게 맞췄을까요?"

"자신있어요. 어서 알려주세요."

"1위는 스마트폰, 2위는 용돈, 3위는 반려동물, 4위는 자유 시간, 5위는 장난감입니다."

아쉬워하는 표정과 뿌듯한 표정이 교차합니다. 2모둠의 만장일치 토론으로 정한 순위가 설문조사 결과와 같았습니다. 나머지 모둠들도 비슷하게 순위를 맞추어서 칭찬을 합니다.

"또 해봐요."

"한 시간 더 하면 안 될까요?"

학생들이 먼저 긍정적인 반응을 보이며 좋아하니 보람을 느낍니다.

"오늘 만장일치 토론을 하고 느낀 점을 이야기해 볼까요?"

"만장일치가 쉽지는 않았어요."

"힘을 합해 순위를 정하니 더 잘 맞출 수 있어요."

"순위를 맞추니 짜릿해요."

몰입해서 활동한 만큼 격한 반응을 보입니다.

이처럼 만장일치 토론은 어떤 상황에 모든 사람이 참여할 때 좋은 결과를 얻을 수 있습니다. 학생들이 토론을 어렵다고 두려워하기보다 재미있다는 생각을 하게 되는 계기가 됩니다. 내일 당장 만장일치 토론을 함께 도전해보면 어떨까요?

만장일치 토론 교수학습안

단계	교수·학습 활동	자료(ㅁ) 및 유의점(※)
도입	**만장일치 토론을 해 봅시다.** ◎ 학습활동 안내하기 〈활동1〉 논제 정하기 및 상황 제시하기 〈활동2〉 만장일치 토론하기	※ 민주적인 분위기를 조성하며 논리적 설득의 중요성을 강조한다.
전개	〈활동1〉 논제 정하기 및 상황 제시하기 ◎ 순위를 정해야 할 의사결정 상황과 선택할 대안을 제시합니다. 〈활동2〉 만장일치 토론하기 ◎ 모둠을 구성하고 토론 순서를 알아봅시다. 토론 순서 ① 논제 제시하기 ② 상황에 대한 설명과 질의응답 ③ 개인별 의사결정하기 ④ 모둠별 토론하기 ⑤ 만장일치로 모둠별 의사결정하기 ⑥ 모둠별 발표하기 어린이날 부모님께 받고 싶은 선물여름 1. 스마트폰/태블릿PC 25.7% 2. 용돈 24.2% 3. 반려동물 21.4% 4. 자유시간 5.8% 5. 장난감/인형 5.7% * 2023년 초등학생 4~6학년 1000명 대상 설문조사 ◎ 정답을 발표하고 모둠별 만장일치 의견과 비교합니다.	1 활동지 2 모둠 칠판 ※ 통계를 활용하여 정답이 있는 토론과 주관적 가치판단을 활용한 정답이 없는 토론도 있음을 안내한다. ※ 개인별로 순위를 결정할 시간을 충분히 주도록 한다. ※ 정해진 시간 안에 만장일치로 결정하도록 지도한다.
정리	◎ 만장일치 토론 소감 나누기 ◎ 만장일치 토론에 어울리는 주제에 대해서 이야기해봅시다.	

PART 3

놀이토론과 자라다

독서 토론

22 나무는 변신쟁이

《나무는 변신쟁이》는 두 나무의 대화로 사계절 순환을 아름답게 담아낸 그림책입니다. 시각적으로 변하는 나뭇잎이 사계절 변화를 보여줍니다. 할아버지 은행나무는 봄, 여름을 거쳐 초록색 나뭇잎을 키웁니다. 가을 노란 단풍으로 변한 잎은 겨울이 오기 전 바람에 떨어집니다. 계절이 바뀔 때도 변함없이 싱그런 푸른 옷을 입고 있던 동백나무는, 나무가 잠드는 겨울에 예쁜 꽃을 피웁니다. 두 나무는 크기와 모양이 다르지만, 가족처럼 따뜻합니다.

가정과 교실에도 다양한 아이가 있습니다. 은행나무같이 상황에 민첩한 아이가 있고, 갑자기 꽃을 피우며 성장하는 아이도 있습니다. 다양한 아이들이 가정과 교실에서 서로 도와가며 따뜻하게 살아가면 좋겠습니다. 어른들은 아이들이 언제든 찾아 와 쉬는 나무 그늘 하나가 되면 어떨까요? 그러면 나무 그늘에서 힘을 얻은 아이가 예쁜 꽃을 피우고 다른 아이에게 나무 그늘이 되어 주는 장면을 만날 수 있을 거예요.

수업 속으로

그림책의 표지를 봅니다.
"무엇이 보이나요?"
"두 나무가 보여요."
표지를 본 아이가 말합니다.
"두 나무는 어떤 점이 다른가요?"
"한 나무는 크고, 한 나무는 작아요.",
"나뭇잎 색이 달라요."
아이들이 나무 크기와 색이 다른 점을 찾아냅니다.
나무는 (　　)쟁이에 말을 넣어 보라고 하니 수다쟁이, 고집쟁이, 변신쟁이 이야기가 나옵니다.
"왜 변신쟁이인가요?"
"봄, 여름, 가을, 겨울에 나무가 변하니까요."
나무는 변신쟁이라고 하니 아이들이 좋아합니다.

아이들과 그림책 표지 읽기를 한 후 그림책 본문을 읽어주었습니다. 나뭇잎이 커지는 이유를 묻자, 햇볕, 물, 양분을 먹기 때문이라 말합니다. 작은 나무가 "와 예쁘다. 나도 노랗게 물들고 싶어."라는 장면을 읽을 때입니다.
"노랗게 노랗게 물들었네."
한 아이가 앉아서 노래를 부릅니다.
"우리 함께 노래 불러볼까요?"

제가 아이들에게 말했습니다.
"노랗게 노랗게 물들었네~~~ 가을 길은 좋은 길!"
아이들과 신나게 노래를 불렀습니다.
"작은 나무가 노랗게 물들고 싶어 했던 것처럼 여러분도 하고 싶거나 되고 싶은 것이 있나요?"
"엄마가 슬라임을 가지고 놀 수 있게 해주면 좋겠어요."
"야채를 잘 먹고 운동을 열심히 하고 싶어요."
"춤추고 싶어요."
한 아이가 발표하고 춤을 추니 아이들도 따라 추며 웃습니다.

가을 잎 색이 변하는 장면에서 바뀐 부분 찾기 놀이를 하였습니다. 제가 먼저 시범을 보였습니다. 아이들에게 현재 모습을 보여주고 복도에 나가 슬리퍼 바꾸기, 필기도구 손 방향 바꾸기, 남방 윗단추 잠그기, 허리띠 조이기, 바지 밑단을 올렸습니다. 그 후 교실로 돌아와 아이들에게 바뀐 부분을 맞히게 했습니다.
"이제 여러분이 짝이 되어 바뀐 부분 찾기 놀이를 해봐요."
짝이 변신할 때, 술래는 눈을 감고 기다렸고, 이어서 짝의 바뀐 부분을 찾았습니다. 아이들이 놀이하며 행복하니 저도 덩달아 행복합니다.

겨울에 아기 나무가 예쁜 동백꽃을 피웁니다. 겨울에 꽃 피운 나무를 보면서 어떤 생각이 드는지 짝과 토의했습니다.
"동백나무가 겨울에 꽃을 피워서 신기해요."
"동박새는 동백나무에게 꿀을 받고, 동백나무는 동박새 덕분에 수정되어 열매를 맺습니다. 이렇게 서로 돕는 것을 무엇이라 할까요?"

저의 질문에 아이들이 "공생," "친구"라고 합니다.

"친구는 서로 어떻게 해야 해요?"

"도와주어야 해요."

"여러분은 친구를 도와주고 있나요?"

"승주가 모르는 것을 도와줘요."

"친구가 잃어버린 것을 찾아줘요."

영진이가 말합니다.

"친구가 혼자 있을 때는 어떻게 해야 해요?"

"같이 놀자고 해요."

"그런데 같이 노는 친구가 심하게 장난치면 어떻게 할까요?"

"그렇게 하지 말라 하고, 사이좋게 같이 놀자 해요."

이 말을 듣고 아이들과 '사이좋게 같이 놀자'를 외쳤습니다.

"친구에게 아낌없이 나누어야 한다"로 신호등 토론을 하였습니다.

"친구에게 아낌없이 나누어야 한다."

찬성하면 파란불, 반대하면 빨간불, 잘 모르겠으면 주황불입니다. 파란불 팀은 교실 왼쪽, 빨간불 팀은 교실 오른쪽, 주황불 팀은 교실 뒤쪽에 서게 했습니다.

"친구라면 어려울 때 아낌없이 도와야 합니다."

파란불 팀이 말합니다.

"아낌없이 다 주면 내가 살기 힘듭니다."

빨간불 팀이 반박합니다.

"친구가 지우개가 필요할 때 빌려주는 것이 친구입니다."

"친구가 지우개가 아니라 핸드폰을 달라고 하면 어떻게 할 것입니까? 필요하다고 다 빌려주면 큰일 납니다."

핸드폰 이야기를 꺼내자, 빨간불 팀 의견에 동조하는 아이들이 보입니다. 주황불 팀에게 의견을 물었습니다.

"너무 많이 도와줘도 그럴 것 같고, 안 도와줘도 그럴 것 같습니다."

주황불 팀이 자신들이 이 문제에 보류한 이유를 말합니다.

"내가 친구에게 아낌없이 주어야 친구도 나에게 아낌없이 줍니다. 도와주지 않으면 그 친구가 힘들어하니까 도와야 합니다."

"그럼 지갑에 있는 돈을 달라고 하면 다 주어야 합니까?"

"엄마를 달라고 할 때는 당연히 엄마를 주어서는 안 됩니다."

빨간불 팀이 핸드폰, 돈, 엄마를 이야기하자 아이들이 도우면 안 된다는 쪽으로 생각이 기웁니다.

아이들과 아낌없이 준다는 말의 기준을 함께 토의했습니다.

"배가 고픈데 주머니에 오천원이 있어요. 떡볶이를 먹으려고 하는데 친구가 다 달라고 하면 어떻게 해요?"

"안 돼요. 그러면 호구 돼요."

"그러면 어떻게 할까요?"

"나도 배고프니 같이 먹자 해요."

아낌없이 나누는 대상에 나를 포함 시키고, 엄마처럼 나누기 어려운 부분은 아낌없이 주는 것에서 제외하기로 약속했습니다. 그러자 아낌없이 나누는 것이 좋다는 아이들이 늘어납니다.

토론이 끝나고 계절 퀴즈 문제를 냈습니다. 걷다가 무언가 밟고서 코를 잡는 장면을 보여주었습니다.

"여름, 똥 밟았어요."

"가을이에요. 은행나무 열매를 밟고 냄새가 나는 거예요."

오늘 할아버지 나무가 은행나무인 것을 알아서인지 두 번 만에 가을이란 답이 나옵니다. 모둠끼리 문제를 내어보라 했습니다.

"선생님. 별이 빼면 안 돼요? 자꾸 안 해요."

"선생님, 저도 안 하고 싶어요."

별이가 친구 이야기를 듣고 속상해서 말합니다.

"모둠 활동이니까 모두 해야 해. 별이가 계속 불편하면 모둠 발표할 때 다시 한번 생각해 보자."

별이가 있는 모둠에 오래 머무르며 아이들을 관찰하고 다독였습니다.

발표 시간입니다. 3모둠이 발표할 때 추워하는 동작을 하니 별이가 손을 듭니다. 별이를 제일 먼저 시켰습니다.
"겨울이에요. 추워하는 거예요."
내가 잘했다고 하니 별이 표정이 밝아집니다. 이번엔 별이 모둠이 발표할 차례입니다. 여름에 손 선풍기를 들고 있는 모습을 표현합니다. 별이에게 다음 발표할 사람을 시키게 하니 별이가 좋아합니다. 조금 전 아무것도 하기 싫어하던 별이는 사라지고, 적극적인 별이가 보입니다. 4모둠은 가만히 있다가 머리에서 지우개를 떨어뜨립니다. 가을 나무에서 열매가 떨어지는 것을 표현했습니다.

알게 된 점을 아이들이 발표합니다.
"계절에 따라 나무 모습이 바뀌는 것을 알았고, 그림책 제목이 왜 나무는 변신쟁이인지 알았습니다."
"큰 나무가 가을에 단풍이 지는 은행나무인 것을 알았고, 작은 나무가 상록수이면서 동백나무인 것을 알게 되었습니다."
"놀이하면서 책 보는 것이 재미있어요. 몸을 바꾸는 방법과 친구끼리 아낌없이 주는 것이 필요한 것을 알았습니다."
나무는 시간이 지나면 꽃과 열매를 맺습니다. 아이들도 그림책, 놀이, 토의토론을 통해 매일 성장합니다. 어쩌면 나무보다 아이들이 더 변신쟁이라는 생각이 듭니다. 아이들도 매일 매일 시간이 흐를 때마다 더 좋은 방향으로 성장하면 좋겠습니다.

나무는 변신쟁이 교수학습안

단계	교수·학습 활동	자료(□) 및 유의점(※)
도입	《나무는 변신쟁이》를 통해 친구와 사이좋게 지내는 방법을 알아봅시다. ◎ 학습활동 안내하기 〈활동1〉 그림책 읽고 놀이토의하기 〈활동2〉 신호등 놀이토론하기	
전개	〈활동1〉 그림책 읽고 놀이 토의하기 ◎ 표지에 무엇이 보이나요? ◎ 작은 나무가 노랗게 물들고 싶어 했던 것처럼 여러분도 하고 싶거나 되고 싶은 것이 있나요? ◎ 바뀐 부분 찾기 놀이 ◎ 겨울에 꽃 피운 나무를 보고 어떤 생각이 들어요? 〈활동2〉 신호등 토론하기 ◎ 친구에게 아낌없이 나누어야 한다. 토론 예시 ① 찬성 파란불: 친구라면 어려울 때 도와야 하기 때문에 아낌없이 도와야 한다. ② 반대 빨간불: 아낌없이 준다고 내가 써야 할 것을 다 주면 힘들다. ③ 보류 주황불: 너무 많이 도와줘도 그럴 것 같고 안 도와줘도 그럴 것 같다. ◎ 계절퀴즈 놀이 ① 모둠에서 계절과 관련된 동작을 보여줍니다. ② 봄-아지랑이, 여름-부채질, 가을-단풍, 낙엽, 겨울-눈사람, 추위 등 ③ 정답을 찾은 후 내 경험을 나눕니다. ④ 짝끼리 동작으로 문제를 내고 맞춥니다.	① 그림책자료 (나무는 변신쟁이) ※ 술래가 자기 몸을 바꿀 때, 짝은 눈을 감고 술래를 보지 않도록 한다. ② 신호등 카드 (파랑, 빨강, 주황) ※ 카드가 없을 때에는 학생들의 위치를 이동하여 진행한다. ③ 신호등토론 활동지(기록용) ※ 교사가 계절과 장면에 대한예시를 시범으로 보여준다.
정리	◎ 수업 소감을 말해봅시다. ◎ 알게 된 점, 깨달은 점, 적용할 부분을 말해봅시다.	

23 커다란 종이 한 장

    커다란 종이 한 장이 토꾸네 집 앞에 떨어지자, 토꾸는 종이를 3명의 친구와 어떻게 사용할지 고민합니다. 친구들은 종이를 4등분으로 나누어 가집니다. 당콩이는 배를 접어 뱃놀이를 즐기다가, 물속 바위에 부딪혀 벌렁 뒤집혀 지는 사고가 생깁니다. 양양이, 꾸리도 종이로 자신이 좋아하는 것을 만들어 여행하다가 결국 위험에 처합니다. 친구들의 상황을 알게 된 토쿠는 자신이 가지고 있는 종이로 지도를 만듭니다.

    1학년 교실에서 종이 한 장 발표가 끝날 즈음, 별이가 자기 종이를 심하게 구깁니다. 아이들이 별이를 동시에 봅니다.
    "여러분. 가진 종이를 눈덩이처럼 만들어 볼까요?"
    아이들이 종이를 구겨 둥글게 만듭니다.
    "앞줄부터 나와서 만든 눈덩이를, 칠판을 향해 던집니다."
    아이의 돌발행동을 눈덩이 놀이로 바꾸어 놀았습니다. 별이를 믿어 준 제 마음을 아는 걸까요? 다음날 별이가 수석실 문을 열고 인사합니다. 서로 마음을 연결하는 행복한 순간들을 교실에서 아이와 함께 만들면 좋겠습니다.

수업 속으로

"토꾸네 집 앞에 무엇이 떨어졌나요?"

"커다란 종이 한 장이 떨어졌어요."

토꾸와 3명의 친구들이 커다란 종이 한 장을 똑같이 나누는 장면을 읽고 짝과 종이 하나를 이등분하는 놀이를 하였습니다.

"종이 한 장을 짝과 잡고 한 손만 사용해서 똑같이 이등분 해 볼까요?"

아이 두 명이 한 손으로 종이를 이등분하는데 짝마다 모양이 천차만별입니다.

토쿠의 친구가 자기 종이로 배를 만들어 항해하고, 텐트를 만들어 산에 놀러 갑니다. 또 다른 친구는 비행기를 만들어 하늘을 납니다. 그러다가 등장인물이 어려움에 처한 장면을 읽어주었습니다.

"토쿠 친구들은 종이로 비행기를 만들어 즐거운 모험을 하다가 어려움을 만나요. 어떤 어려운 일이 생겼을까요?"

"물길, 산길, 하늘길을 몰라서 어려움을 만났어요."

"어려움을 만난 친구 이야기를 들은 토쿠는 무엇을 하려 할까요?"

"그림을 그릴 것 같아요."

토쿠가 책 읽기와 그림 그리는 것을 좋아하는 것을 아는 영진이가 말합니다.

"친구들과 함께 어떤 그림을 그릴 것 같아요?"

"혹시 지도?"

동진이가 조심스럽게 지도를 말합니다. 그림책에서 그림지도를 그리는 장면이 나오자 맞추었다고 아이들이 좋아합니다.

이 장면에서 산, 강, 하늘, 마을 지도 놀이를 하였습니다. 교사가 말하는 단어에 따라 동작을 다르게 합니다. 얼음은 차렷, 산이라고 하면 제자리걸음, 강은 몸을 옆으로 왔다 갔다 하기, 하늘은 점프하기, 마을 지도라고 하면 양손으로 공중에 그림을 그리며 "바로 그거야"라고 말하게 했습니다. 이번에는 말과 행동을 다르게 했습니다. 제자리걸음을 해야 할 산을 말하고 점프하니 아이들이 점프를 따라 하며 많이 틀립니다.

"이제는 '틀려도 괜찮아'라고 말할 때만 행동을 따라 합니다. 틀려도 괜찮아 산."

아이들이 제자리걸음을 합니다.

"강"

아이들이 몸을 옆으로 이동할 때 "탈락"이라 했습니다. "틀려도 괜찮아"라고 말할 때만 움직여야 하는데 아이들이 많이 실수합니다.

이어서 마을 지도 말하기 놀이를 하였습니다.

마을 지도에 있는 것을 처음에는 하나, 그다음에는 앞에 말한 것을 포함해서 하나씩 더 말하기로 했습니다. 4명이 연속 성공하면 미션 성공입니다. 시작해 볼까요?"

"마을 지도에는 학교도 있고."

"마을 지도에는 학교도 있고, 병원도 있고."

"마을 지도에는 학교도 있고, 병원도 있고, 편의점도 있고."

"마을 지도에는 학교도 있고, 병원도 있고, 편의점도 있고, 가게도 있고."

"미션 성공!"
내가 미션을 성공했다고 하니 아이들이 좋아합니다.

"토쿠는 친구들을 위해 무엇을 만들었나요?"
"지도를 만들었어요."
"지도가 있으면 좋은 점은 무엇일까요?"
"모르는 길을 쉽게 찾을 수 있어요."
토쿠는 친구들을 위해 지도를 만들어 사람들에게 도움을 주었습니다. 나에게도 이런 종이가 있다면 무엇을 할까 물었습니다.
"나는 아파트와 자동차를 만들고 싶어요."
"왜 아파트와 자동차를 만들고 싶습니까?"
영지가 질문합니다.
"가족들과 행복하게 아파트에서 살고, 여행도 가고 싶기 때문입니다."
"나는 복권 1등을 그려 당첨되어 엄마 아빠에게 주고 싶어요."
무엇이든 할 수 있는 종이 한 장으로 다른 사람을 어떻게 도울까 질문했습니다.
"공원을 만들어 쉬고 싶은 사람들이 언제든 쉴 수 있는 곳을 만들겠습니다."
남과 더불어 살아가는 아이를 칭찬하고 우리가 가진 것을 나누며 살면 더 행복해진다고 했습니다.

동물들이 나눈 종이 한 장으로 모험을 떠나는 부분으로 가치 수직선 토론을 하였습니다.

"토쿠 친구들이 혼자서 모험을 했지요? 혼자서 모험을 떠나는 것은 어떻게 생각하나요? 가치 수직선으로 토론해 볼까요?"

"혼자서 모험을 하는 것은 좋은 것이다"

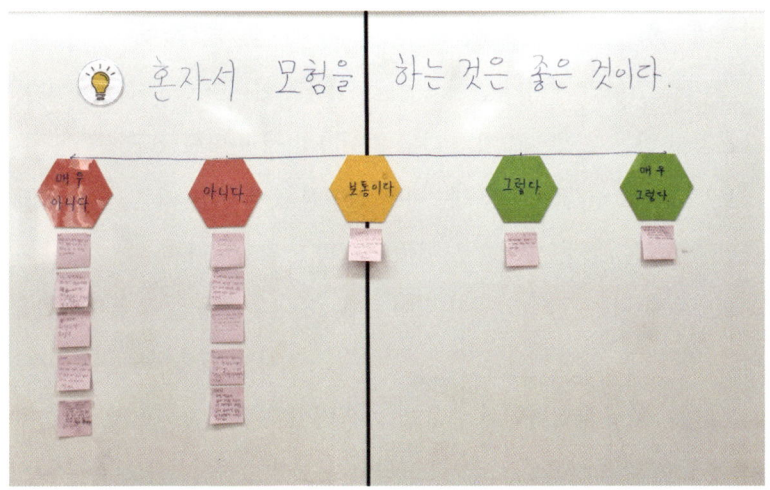

아이들에게 포스트잇을 나누어 주고 자기 생각을 써 보라고 하였습니다. 매우 그렇다 1명, 그렇다 1명, 보통이다 1명, 아니다 5명, 매우 아니다 5명이 나왔습니다.

"스트레스를 받을 때 혼자서 모험을 떠나면 행복감을 느끼기 때문에 매우 좋다고 생각합니다."

혼자서 모험을 떠나야겠다는 채성이가 말합니다.

"혼자서 모험하는 것은 매우 좋지 않아요. 자기가 위험에 처할 때 응급 처지를 못해 목숨이 위험할 수 있기 때문이에요."

매우 좋지 않다고 말한 동철이가 말합니다.

"어떤 위험이 있어요?"

"산짐승의 위험과 길을 잃는 것이요."

"하지만 혼자 모험하면 친구 간 갈등이 없어 좋아요."

혼자 모험하는 것은 좋다고 적은 예린이가 말합니다. 나경이도 자기 생각으로 모험을 계획하고 실천하는 것은 가치가 있다고 말합니다.

"혼자 모험하면 재미가 없어요. 그래서 저는 아니다 라고 적었습니다."

혼자서 하는 모험은 좋지 않다고 준서가 다시 반박합니다.

보통이라고 생각하는 친구는 아주 위험한 곳에 혼자 가는 것은 안 되지만, 위험하지 않은 일에는 모험해도 된다고 말합니다.

모험을 떠나는 쪽의 인원이 적어 매우 그렇다 편을 살짝 들어주었습니다.

"사람은 원래 모험하면서 배우는 것이 더 많지 않아요? 아기도 처음부터 걸을 수 있는 것은 아니잖아요? 넘어지는 것이 위험하다고 걷지 않으면 어떻게 될까요?"

"아무것도 못 해요. 그렇게 생각하니까 크게 위험하지 않는 모험은 해도 될 것 같아요."

"크게 위험하지 않는 모험은 어떤 것이 있나요?"

아이들에게 물었습니다.

"자전거 타기요. 지금 자전거 타기를 못 하면 나중에 더 위험한 자동차 타기도 안 되잖아요."

동재는 마음이 바뀌었다고 말합니다.

"저는 마음이 바뀌었어요. 모험하기 전 공부를 하고 시도하면 괜찮아요. 그래서 저는 매우 아니다 에서 그렇다로 바꿀래요."

아이 이야기를 들으면서 모험에 대해 깊이 있는 이야기를 나누었습니다. 모험할 때도 새로운 것을 배울 때처럼 어려움과 즐거움을 함께 느낄 수 있다고 합니다. 모험하기 전 위험한 부분을 토의하고, 없앤 후 모험을 실천하면 된다고 합니다.

"모험에서 위험을 없애려면 어떻게 할까요?"
"모험을 떠날 때 철저하게 준비해야 해요."
"모험을 떠나기 전 선생님이나 부모님께 도움을 받아요."
"모험을 떠나도 내가 있는 곳을 알려야 해요."

이렇게 위험하지 않게 하면 혼자서 모험하는 것은 좋은 것이란 의견이 아이 입에서 나옵니다. 마지막에 다시 의견을 물으니 매우 그렇다 2명, 그렇다 4명, 보통이다. 2명, 아니다 3명, 매우 아니다 2명이 나옵니다.

"혼자 하는 모험이라도 준비가 되면 좋다"라는 생각으로 살짝 바뀌었습니다.

수업이 끝나고 급식 시간이 되었습니다. 아이들이 평소 급식실에 줄을 맞추어 가는데 오늘은 급식실까지 혼자 모험을 떠나고 싶다고 합니다.

"선생님. 급식실까지 줄 서지 말고, 혼자 조용히 모험하면서 내려가면 안 될까요?"

"그러면 조용히 내려가는 약속을 지키며 모험을 떠나볼까요?"

아이들과 혼자서 조용하게 급식실까지 내려가 줄 서는 것으로 약속했습니다. 수업 시간에 배운 내용을 급식실 모험으로 실천해 좋습니다.

커다란 종이 한 장 교수학습안

단계	교수·학습 활동	자료(□) 및 유의점(※)
도입	《커다란 종이 한 장》을 읽고 토론을 하여 봅시다. ◎ 학습활동 안내하기 〈활동1〉 그림책 읽고 놀이토의하기 〈활동2〉 가치 수직선 놀이토론하기	
전개	〈활동1〉 그림책 읽고 놀이 토의하기 ◎ 표지에 무엇이 보이나요? ◎ 커다란 종이로 무엇을 할까요? ◎ 종이 이등분 놀이 ◎ 토쿠 친구들은 왜 어려운 일이 생겼나요? ◎ 어려움에 처한 친구 이야기를 듣고 토쿠는 무엇을 하나요? ◎ 산, 강, 하늘, 마을지도 놀이 ◎ 마을지도 놀이 놀이 순서 마을지도에는(다같이) 학교도 있고, 마을지도에는 학교도 있고(다같이), 병원도 있고 ◎ 무엇이든지 할 수 있는 종이가 있다면 무엇을 하고 싶나요? 〈활동2〉 가치 수직선 놀이토론하기 ◎ 혼자서 모험을 하는 것은 좋은 것이다. 토론 순서 ① 가치 수직선에 자기 생각을 붙인다.(매우 그렇다에서 매우 아니다 까지 5단계) ② 매우 그렇다, 매우 아니다, 그렇다, 아니다, 보통이다 순서대로 주장을 듣는다. ③ 찬반끼리 서로 질문하고, 생각이 바뀐 친구 이야기를 듣는다.	① 그림책자료 (커다란 종이 한장) ※ 두 명에게 한 손으로 종이를 잡고 이등분한다. ※ 놀이 난이도를 조금씩 높여 진행한다. ※ 마을지도에 들어가야 할 부분을 발표한다. "마을지도에는" 다같이 말한 후 마을에 있는 건물이나 자연을 말한다. ② 가치수직선 ③ 가치 수직선 활동지(기록용)
정리	◎ 수업 소감을 말해봅시다. ◎ 알게 된 점, 깨달은 점, 적용할 부분을 말해봅시다.	

24 엄마소리가 말했어

《엄마소리가 말했어》는 '자음 소리'가 겪는 어려움에 '엄마 소리'가 따뜻한 말로 위로하는 방식으로 이루어져 있습니다. 자음은 자신을 쓸모없는 존재로 인식하지요. 부정적인 말을 하며 열등감을 가진 자음에게 엄마소리는 긍정의 말로 토닥입니다.

기역은 '가짜, 괴로워, 거짓말, 그저 그래'와 같은 부정적인 말로 자신을 정의합니다. 엄마 소리는 기역이 가진 좋은 부분을 봅니다. 기역이 있어 길이 있고 함께 걸을 수 있어 고맙다고 합니다. ㄱ부터 ㅎ이 부정적으로 자신을 바라볼 때 엄마 소리는 희망과 용기, 따뜻한 위로를 전합니다.

학교에도 문제 행동을 하는 아이들이 보입니다. 말을 하지 않는 아이, 순간적으로 화를 폭발하며 거친 말을 하는 아이에게 상처와 아픔이 보입니다. 선생님 소리, 엄마 소리가 아이 마음을 따뜻하게 품는다면, 아이 상처가 조금씩 아물겠지요. 아이에게 행복한 순간이 많아져, 아침 햇살 같은 웃음이 얼굴에 넘치면 좋겠습니다.

수업 속으로

"그림책에 무엇이 보이나요?"

〈엄마소리가 말했어〉그림책 표지를 아이들에게 보여주었습니다.

"엄마가 글자를 안고 있어요."

"엄마는 왜 글자들을 안고 있을까요?"

"버릴려고요."

"사랑한다고 하는 것 같아요."

아이마다 다른 의견을 말합니다.

"엄마소리는 무엇일까요?"

"잔소리요"

아이들에게 어떤 잔소리라고 생각하는지 물었습니다.

"준비물 챙겼니?"

"일찍 자야지"

"씻어라"

"편식하지 말고 밥 먹어라"

"방이 돼지우리다. 치워라."

이런 이야기가 나옵니다. 어릴 때는 "사랑해", "좋아해" 말해주던 엄마가 요즘은 잔소리를 많이 한다고 합니다.

아이들과 본문을 천천히 읽었습니다. 디근은 자신이 싫다고 합니다.

"왜 디근은 자신이 싫다고 하나요?"

"이상한 말만 있다고 해요."

"어떤 이상한 말이 있나요?"

"도망, 도둑, 더러워 에요."

도둑이란 단어가 없으면 어떨지를 물었습니다.

"도둑 단어가 없으면 문제가 돼요. 도둑이야 외칠 수 없잖아요."

"이야, 디귿이 싫어하는 도둑이란 단어도 필요하네요."

철진이가 말합니다.

이어 아이들과 경찰과 도둑 놀이를 하였습니다. 반에서 경찰 3명, 도둑은 16명으로 하여 진행했습니다. 경찰과 도둑 놀이도 도둑이란 단어가 있어 놀 수 있다고 말했습니다.

놀이 후 내가 좋아하는 자음에 대해 토의하였습니다.

"내가 좋아하는 자음은 무엇인가요?"

"좋아하는 자음은 기역입니다. 고기, 고구마, 감자를 좋아하기 때문입니다."

"왜 고기가 좋습니까?"

"맛있으니까 좋습니다. 고기는 김치와 먹으면 더 좋습니다."

그러고 보니 고기와 궁합이 맞는 김치도 기역입니다.

"저는 히읗이 좋습니다. 왜냐하면 내 이름에 히읗이 있기 때문입니다."

그 말을 듣고 아이들이 웃습니다.

"히읗이 좋은 이유는 희망도 있기 때문입니다."

"나도 히읗이 좋아요. 히읗은 행복해라는 말이 있어서 그래요."

별이가 말합니다.

"별이에게 행복한 순간은 언제예요?"
"학교에 올 때요. 놀면서 수업하면 좋아요."
별이 말에 제게도 행복이 옵니다.
"전 친구들과 학교에서 인사할 때 행복해요".
"우리 같이 '행복하세요'라고 인사해 볼까요?"
"예!"
아이들과 다양한 방법으로 행복 인사를 하며 웃었습니다.

엄마를 이해하기 위해 회전목마 토론을 하였습니다.
아이들에게 "엄마의 잔소리는 필요하다"라는 논제를 주었습니다.

"엄마의 잔소리는 필요하다."

아이들이 주제에 대한 자기 의견을 정리합니다. 책상 두 개를 마주 보고 붙여서 원으로 만들고 회전목마 토론 방법을 설명했습니다.
"안쪽 친구는 자기 생각을 말하고, 바깥쪽 친구는 내용을 간단하게 정리합니다."
안쪽에 있는 정인이에게 자기 생각을 말해보라고 했습니다.
"엄마의 잔소리는 필요하지 않습니다. 매일 듣는 것은 싫기 때문입니다. 언니, 오빠 방도 더러운데 제가 엄마랑 같은 방을 쓰니까 자꾸 나에게만 더럽다고 하니까 너무 싫습니다."
1분이 지나고 바깥쪽 친구들을 시계 반대 방향으로 이동하게 했습니다.

"새로운 친구를 만났죠? 바깥쪽 사람은 안쪽 사람에게, 바로 전에 만났던 친구의 이야기를 들려주세요. 이야기를 들은 안쪽 친구는 자기 생각을 보완해 바깥쪽 친구에게 자기 의견을 말하면 됩니다."

바깥쪽 친구들이 새롭게 만난 안쪽 친구에게, 조금 전 만났던 안쪽 친구 이야기를 해줍니다. 이어서 안쪽 친구가 바깥쪽 친구에게 자기 이야기를 합니다.

"엄마의 잔소리는 필요합니다. 우리는 어릴 때부터 엄마의 잔소리를 들으면서 교육받았고, 인생 선배인 부모님 잔소리는 우리가 올바른 행동을 하도록 돕는 것이기 때문에 필요하다고 생각합니다."

아이들이 1분 간격으로 계속 돌아갑니다. 바깥쪽 친구는 이야기를 듣고 정리하고, 안쪽 친구는 들은 친구 이야기를 참고해서 자기 생각을 더 풍성하게 만듭니다.

5번 정도 돌고 아이들이 자기 의견을 글로 정리하고 발표했습니다. 잔소리가 필요하다는 친구 15명, 필요하지 않다 3명, 중립 1명입니다.

"저는 잔소리가 필요하다고 생각합니다. 엄마 잔소리는 싫지만 잘 듣고 내 행동을 고치면 사회에 나가서 잘 살 수 있기 때문입니다. 엄마 잔소리는 우리가 멋진 사람이 되라는 것입니다. 엄마 잔소리를 좋게 생각하면 나의 부족한 부분을 보충할 수 있습니다. 또 매일 듣는 잔소리가 사라지면 무언가 허전하고 나태해질 수도 있습니다."

잔소리를 듣기 싫어하는 아이도 잔소리가 필요하다고 생각하는 경우가 대부분입니다.

"저는 잔소리가 필요하지 않다고 생각합니다. 왜냐하면 엄마는 나의 상황에 대해 잘 알지도 못하면서 잔소리하는 경우가 많기 때문입니다. 그러면 둘 다 스트레스만 쌓입니다. 저는 잔소리를 들으면 하고 싶은 일도 더 하기 싫어집니다. 저는 잔소리를 하지 않을 때 제 일을 더 잘합니다."

잔소리가 필요하지 않다고 말하는 유정이가 말합니다.

회전목마 토론을 하면서, 생각이 바뀐 친구의 이야기를 들었습니다.

"저는 잔소리가 필요 없다고 생각했습니다. 잔소리를 들으면 잔소리를 한 엄마도 안 좋고 저도 기분이 안 좋기 때문입니다. 엄마가 잔소리를 많이 하면 엄마에 대한 신뢰감도 사라집니다. 그런데 친구와 대화하다 보니 잔소리가 내 행동을 고치는데 도움이 된다는 마음이 들었습니다. 그래서 저는 반복되는 잔소리가 아닌 한 두 번 하는 잔소리는 필요하다고 생각이 바뀌었습니다."

잔소리가 필요 없다고 생각하다가 필요하다고 생각한 친구는 토의를 통해 엄마 마음을 조금 알게 되었다고 합니다. 엄마의 잔소리가 관점을 바꾸어 보면 나를 사랑하고 걱정하는 마음이란 사실을 깨달은 것이겠지요.

    디근으로 할 수 있는 도미노 놀이를 하였습니다.
"엄마 소리를 들었을 때 좋았던 말은 무엇인가요?"
"감사해"
"사랑해"
"행복해"
"고마워"
"소중해"
여러 이야기가 나옵니다.
"선생님이 좋은 말을 하고 일어섰다가 앉을 거예요. 그럼 선생님 오른쪽부터 일어나 선생님이 한 말을 일어서서 하고 앉으면 돼요. 도미노처럼 전달합니다."
    내가 오른쪽 아이에게 한 좋은 말이 돌고 돌아 다시 내게로 옵니다.
    내가 한 말은 언제나 나에게 돌아옴을 말하고, 아이들에게 좋은 말을 하라고 하였습니다.
    부정적인 아들 소리에 엄마 소리가 희망과 위로를 전합니다. 수업 시간 아이들과 토의했던 따뜻한 위로의 말들이, 힘들고 지친 아이에게 희망이 되면 좋겠습니다.

엄마소리가 말했어 교수학습안

단계	교수 · 학습 활동	자료(□) 및 유의점(※)
도입	《엄마소리가 말했어》를 읽고 토론을 하여 봅시다. ◎ 학습활동 안내하기 〈활동1〉 그림책 읽고 놀이토의하기 〈활동2〉 회전목마 놀이토론하기	
전개	〈활동1〉 그림책 읽고 놀이 토의하기 ◎ 표지에 무엇이 보이나요? ◎ 엄마 소리는 무엇일까요? ◎ 디근은 왜 자신이 싫다고 하나요? ◎ 경찰과 도둑 놀이 ◎ 내가 좋아하는 자음은 무엇인가요? 〈활동2〉 회전목마 놀이토론하기 ◎ 엄마의 잔소리는 필요하다. 토론 순서 ① 주제에 대한 자기 의견을 적습니다. ② 두개의 원으로 만들어, 안쪽 원은 자기 생각을 말하고, 바깥쪽은 메모합니다.. ③ 바깥쪽 원에 있는 사람이 시계반대방향으로 이동합니다. 새로 만난 친구에게 조금 전 안쪽 원에 있던 친구 이야기를 말해 주고, 새로 만난 안쪽 친구 이야기를 듣고 메모합니다(여러 차례 반복하기) ④ 전체 의견을 정리하고 발표합니다. ◎ 도미노 놀이 엄마 소리를 들었을 때 좋았던 말을 한 사람이 서서 말하고 앉으면 오른쪽 친구가 일어나 따라하며 도미노처럼 전달합니다.	1 그림책자료(엄마소리가 말했어) ※ 디근이 있어 놀이가 가능했고, 돋보인다는 말이 있어 경찰을 칭찬할 수 있다고 말한다. 2 회전목마 토론 활동지(기록용) ※ 도미노 놀이를 통해 내가 한 말은 언제다 나에게 다시 돌아옴을 말한다.
정리	◎ 수업 소감을 말해봅시다. ◎ 알게 된 점, 깨달은 점, 적용할 부분을 말해봅시다.	

25 마음이 쿵 떨어진 날

《마음이 쿵 떨어진 날》은 대구지역의 청년작가인 혜원님이 쓴 그림책입니다. 주인공 웅이는 하기 싫은 것만 해야 하고 자기 마음을 알아주는 이는 한 사람도 없다고 생각하는 아이입니다. 덩치는 커지는데 마음은 자꾸 바늘구멍이 되어갑니다. 집으로 돌아가는 어느 날, 길강아지 한 마리와 마주칩니다. 우울한 웅이 앞에서 강아지는 해맑기만 합니다. 처음엔 그 강아지가 마음에 들지 않았지만 웅이도 조금씩 마음을 엽니다. 웅이는 길강아지와 맛있는 것도 사먹고 놀이공원에도 가며 즐거운 시간을 보냅니다. 저녁이 되어 이제 헤어질 시간입니다. 그 후 이 둘은 어떻게 되었을까요?

해마다 많은 아이들이 불안, 우울, 주의력 결핍 장애 등으로 힘든 시간을 보내고 있습니다. 친구를 사귀고 싶지만 용기가 나지 않습니다. 반려동물의 수는 해마다 늘어가는 추세입니다. 그만큼 유기동물의 문제도 생기고 있습니다. 마음이 약해진 아이들이 반려동물을 만나 그 마음을 튼튼히 하고 위로받을 수 있다면 얼마나 좋을까요? 그림책은 다양한 주제에 대해서 따뜻하게 접근할 수 있고 부담 없이 이야기를 나눌 수 있게 합니다.

수업 속으로

"선생님 이번 주에는 토론 수업 어떻게 하나요?"
"오늘은 선생님이랑 그림책 읽고 같이 이야기할거야."
"에잉? 그림책이요? 우리는 6학년인데요."
"그러게 말이다. 유치하게 그림책이네. 하하하"

먼저 아이들에게 한 주 안부를 묻습니다.
"한 주동안 잘 보냈나요? 지난 주에 뭐하고 놀았어요?"
"하루종일 집에 있었어요."
"시골 할아버지집에 다녀왔어요."
"오랜만에 놀이공원에 갔었어요."
"그랬구나, 요즈음엔 경기도 어느 동물원에 사는 판다가 아주 인기가 많더구나. 선생님 SNS 짧은 동영상에도 자주 나오더라고."
오늘 주제에 자연스럽게 접근하기 위해 제가 먼저 이야기를 꺼냅니다. 고맙게도 한 아이가 말을 이어갑니다.
"맞아요, 그 판다 정말 귀여워요."
"선생님 어릴 때도 그런 동물친구가 있었단다. 그런데 그 친구의 슬픈 소식을 얼마 전에 신문에서 보게 되었단다."

인터넷의 신문기사를 함께 봅니다. 달성공원에 살던 코끼리 복동이가 얼마 전에 세상을 떠났다는 기사입니다. 아이들이 관심을 갖고 읽어봅니다. 대구 시내 한가운데에 동물원이 있다는 걸 처음 알게 된 아이들도 있습니다.

집에 반려 동물을 키우는 지 물어봅니다. 열 명 남짓 손을 듭니다. 키우는 게 힘들지 않은지 물어봅니다.

"똥오줌을 아무데나 눌 때는 힘들어요. 엄마는 저보고 다 치우라고 해요"

"저는 제가 똥오줌 다 치우겠다고 하는데도 엄마가 허락을 안해줘요. 가구를 상하게 하고 냄새난대요."

"우리 시골집에도 개를 키웠는데 얼마 전에 교통사고로 죽었어요. 근데 대박인게 뭔지 아세요? 우리 집 개가 할아버지 몰래 윗집 개를 만난 거에요. 그래서 강아지가 네 마리나 태어났어요. 우리 할아버지는 모르고 계셨거든요. 근데 우리 집 개가 죽고 나서 윗집에 할아버지가 우리 할아버지에게 그 강아지를 두 마리 줬어요."

아이들 마음에 반려동물을 하나씩 품었습니다.

이제 동화책을 읽어줍니다.

"오늘은 그림책을 읽어볼거야. 오늘은 각자 읽거나 돌아가며 읽지 않고 특별히 선생님이 읽어줄게. 어때? 어린이집 별님 반 졸업하고 처음이지? 기대하셔도 좋다. 개봉박두 선생님의 구연동화 시간!! 짜잔~"

"와~~~"

이 그림책을 그린 작가는 대구 사람이고 출판사도 대구에 있다고 알려줍니다. 아이들을 반달처럼 앉히고 선생님은 가운데 앉아 그림책을 읽어줍니다. 아이들은 더 집중해서 선생님의 이야기를 듣습니다.

"자~ 표지부터 보자. 이 아이는 누구인 것 같니?"

"오늘 이야기 주인공인가봐요, 그런데 표정이 좀 어두워요."

"표지 뒷면에 뭐라고 적혀 있네? 같이 읽어볼까?"

"되는 일이 하나도 없어 엄마는 맨날 잔소리만 하고 준우는 약속도 어기고 숙제는 해도 해도 줄어들지 않고 시험은 매번 어렵기만 하고 정말 정말 내 마음대로 되는 게 하나도 없어."

아이들이 표지 이야기에 공감합니다. 강아지의 마음도 주인공 남자아이의 마음도 아이들의 마음에 들어왔습니다. 함께 책을 읽는 건 이제 어려운 일이 아닙니다.

계속 그림책을 읽어나갑니다. 강아지와 함께 놀다가 가기로 마음 먹은 주인공을 보고 통쾌해하는 아이들도 있고, 늦은 귀가로 엄마에게 혼날 주인공을 걱정하는 아이들도 있습니다. 둘이서 함께 놀러 다닌 서문시장부터 달성 공원, 대구 타워, 두류 야외공연장 등 자기들이 아는 장소가 나올 때마다 신이 납니다.

"에이 선생님, 여기를 하루 저녁 만에 다 돌았다구요? 무슨 축지법을 쓰나?"

"야! 동화책이잖아. 그냥 좀 들어라 이놈아."

친구들이 김샌다고 핀잔을 줍니다. 조용히 한 번 웃어주고 다시 책을 읽습니다. 놀다가 밤이 되어 이제 둘이 헤어질 시간입니다. 웅이는 어찌해야 할까 아이들에게 묻습니다.

"선생님 여기서 둘이 헤어지면 이건 동화책이 아닙니다. 웅이가 길강아지 데리고 가야지요!"

"안그래도 집에 늦게 들어가는데 길강아지까지 데리고 들어가면 웅이는 집에서 쫓겨날지 몰라요."

"유기견 보호센터에 보내면 되지 않을까?"

"요즘엔 유기견 보호센터에서는 시간이 얼마 지나도 주인을 찾지 못하면 강아지를 안락사시킨대."

순간 정적이 흐릅니다. 아이들이 진지해집니다. 그림책을 끝까지 읽어줍니다.

웅이의 마음에 대해 이야기를 나눕니다. 요즘 뭐가 제일 고민인지 이야기를 나눕니다. 성적, 친구 관계, 진로가 제일 고민이 많습니다.

이제 우리 주변의 다른 동물에게 조금 더 눈을 돌려봅니다.

"파리, 모기 같은 곤충도 있습니다."

"요즘엔 귀뚜라미가 웁니다."

"우리 아빠 점심 때 물고기를 몇백마리를 먹었대요. 제가 거짓말 하지 마세요 하니까 잔 멸치볶음을 드셨대요. 물고기도 동물이잖아요. 우리 아빠 정말 장난꾸러기에요"

"야! 그렇게 따지면 소고기, 돼지고기, 닭고기도 우리가 만나는 동물이겠다."

장난삼아 말한 친구에게 선생님은 진지하게 대답합니다.

"맞아요. 우리가 고기나 다른 먹거리를 얻기 위해 기르는 동물을 가축이라고 하잖아요."

"선생님, 마음이 이야기 읽고 나서 가축 이야기하니까 좀 그런데요."

"그래도 가축은 우리 생활에 아주 중요한 부분을 차지하고 있는 동물인 건 사실입니다."

육식에 대한 이야기를 나눕니다. 갖고 있는 휴대폰으로 간단하게 동물복지에 대해 조사해 봅니다.

"동물복지를 실천하면 비용이 많이 들어서 고기의 가격이 오를 것 같습니다. 그러면 소외 계층이 영양소를 골고루 섭취하기 힘들어질 것 같습니다."

"우리는 이미 지금도 충분하게 영양소를 섭취하고 있습니다. 다소 가격이 비싸지더라고 육식을 하는 횟수를 줄이면 문제 없을거라고 생각합니다."

"네 둘 다 좋은 의견입니다. 당장 우리가 육식을 그만둘 수는 없을 겁니다. 무엇보다 육식을 부끄럽게 생각해서도 안 될 것입니다. 다만 우리가 당연하게 생각했던 문제들을 좀 더 섬세하게 들여 볼 마음을 가진다는 것은 중요하다고 생각합니다. 진지하게 주제에 대해 이야기 해줘서 고맙습니다."

다음 주제로 넘어갑니다. 실험동물에 대한 이야기입니다.

"얼마 전에 선생님이 영화를 하나 봤습니다. '가디언즈 오브 갤럭시'라는 영화인데 거기 로켓이라는 너구리 주인공이 나오거든요."

"선생님 저도 그 영화 봤어요. 로켓이 정말 힘든 삶을 살았더라구요."

"네 그렇지요. 그런데 영화가 아니라 실제도 그런 삶을 사는 동물들이 있답니다. 바로 실험동물이에요."

마찬가지로 핸드폰으로 '실험동물'에 대해 조사해봅니다. 영상 자료도 찾아봅니다. 이미 알고 있는 아이들도 있지만 모두 표정이 진지합니다. 모둠별로 조사한 내용을 공유합니다.

"선생님 인간과 동물이 공유하는 질병은 2%밖에 되지 않는답니다. 그럼 동물 실험이 의미가 있을까요?"

"그래도 동물 실험은 인간에게 안전한 의약품을 제공하기 위한 최소한의 장치인 것 같습니다. 동물에겐 미안하지만 인류의 발전에겐 필요해요. 대신 그들을 잘 추모하고 기억하면 됩니다."

"개발과정에서 실험동물에겐 안전했던 입덧 방지약이었는데 그 약을 먹은 산모가 기형아를 낳은 사례도 있었다고 합니다."

"의약품 개발 과정에서 동물실험을 하는 건 어쩔 수 없다고 하지만 화장품 개발에서도 동물실험을 하는 건 아닌 것 같습니다."

"화장품 개발에서도 동물실험을 한다고? 인간이 예뻐지려고 동물을 희생시킨다는거야?"

한 아이의 목소리가 커집니다.

"화장품 회사 동물실험은 이제 법으로 금지되었대."

아이들이 안도의 숨을 내쉽니다.

"이 문제는 단순히 찬반으로 이야기하기 힘들군요. 가치수직선 프로그램 링크를 줄테니 자신의 의견과 같은 칸에 체크해 볼까요?"

완전 폐지부터 완전 허용까지 모두 다섯 단계로 나누어 참여링크를 줍니다. 자신의 생각에 가까운 영역에 체크를 하게 합니다. 완전 폐지가 네 명, 완전 허용은 한 명도 없습니다. 아이들은 그 사이 세 단계에 체크를 했습니다.

실험동물제를 유지해야 하는가?

"네 소중한 의견 감사합니다. 오늘은 반려동물부터 가축 그리고 실험동물까지 이야기를 나누어 보았습니다. 동물은 우리에게 여러 가지로 도움을 줍니다. 그들은 존중하는 마음을 가지고 관심을 가진다면 동물도 인간도 좀 더 나은 세상에서 살 수 있을 겁니다. 오늘 적극적으로 의견을 나누고 서로 존중하며 토론을 진행해주어서 감사합니다."

오늘 이야기 나눈 소감을 들어봅니다.

"그저 강아지를 키우고 싶다는 내 마음보다 책임감이라는 걸 좀 더 생각하게 되었습니다."

"반려동물을 키우면서 마음을 나누는 연습을 하다보면 우리 반 친구들과도 더 잘 지낼 수 있을 것 같습니다."

이렇게 토론 시간을 마무리합니다. 시간이 갈수록 아이들은 좀 더 진지해지고 논제에 접근하는 안목도 높아집니다. 성장하는 아이들을 지켜보는 것은 교사로서 큰 보람입니다.

마음이 쿵 떨어진 날 교수학습안

단계	교수·학습 활동	자료(□) 및 유의점(※)
도입	그림책을 함께 읽고 이야기를 나누어 봅시다. ◎ 학습활동 안내하기 〈활동1〉함께 책읽기 〈활동2〉토론 주제에 대해 이야기 나누기기	
전개	〈활동1〉함께 책읽기 ◎ 함께 책을 읽어봅시다. – 여러분의 고민은 무엇인가요? – 반려동물은 나의 고민에 도움이 되나요? 〈활동2〉이야기 나누기 ◎ '건강한 육식'을 위해선 무엇이 필요할가요? – 동물복지가 무엇일까요? – 육식을 반대하는 사람의 입장은 어떠한가요? – 건강한 육식을 위해서 무엇이 더 필요할까요? ◎ '동물실험'은 꼭 필요할까요? – 실험동물은 무엇인가요? – 어떤 목적으로 동물실험을 하나요? – 동물실험이 우리에게 주는 이점과 문제점은 무엇일까요? – 동물실험은 꼭 필요할까요? 우리가 고려해야 할 점은 무엇이 있을까요? – 나의 입장을 가치수직선 위에 나타내어 봅시다.	① 동화책 ② 태블릿, 휴대폰 등 ※ 육식에 자책감을 갖지 않도록 아이들의 마음을 잘 살핀다. ※ 자료 찾기에 도움이 될 만한 중심 낱말을 알려준다.
정리	◎ 책을 읽고 이야기를 나눈 소감을 말해봅시다. ◎ 다음 시간에는 꽃들에게 희망을 이라는 책을 읽고 '좋은 친구'라는 주제로 이야기해보겠습니다.	

 # 26 꼴뚜기

　《꼴뚜기》는 '꼴뚜기'라는 별명으로 불리지 않기 위해 다른 친구들에게 그 별명을 떠넘기면서 일어나는 여러 가지 이야기를 재미있게 그린 동화책입니다. 5학년 3반 교실에 '꼴뚜기'라는 별명이 유행합니다. '꼴뚜기' 비슷한 것만 나와도 내가 '꼴뚜기'가 되어버리는 유쾌하지 못한 상황입니다. '독도는 우리 땅' 노래도 부르지 못하고 꼴뚜기 반찬도 먹지 못합니다. 담임 선생님은 아무것도 모르고 아이들이 편식을 한다고 생각하십니다. 앗 그런데 선생님께서 꼴뚜기 반찬을 만들어 오셨네요. 이것 참 큰일입니다. 유쾌한 분위기 속에서 그렇지 못한 아이들의 현실도 살필 수 있는 동화책입니다.

　우리는 친구들과 친해지고 싶어서, 친해지려고 가끔 친구의 별명을 부르기도 합니다. 별명으로 불리는 것을 좋아하는 친구도 싫어하는 친구도 있습니다. 심지어 별명을 부르는 게, 어떤 친구는 되고 어떤 친구는 안됩니다. '친구의 별명을 불러도 될까?'라는 주제로 이야기를 나누어 봅니다. 배려와 공감을 함께 이야기합니다. 여러 가지 의견이 부딪치며 아이들의 생각은 풍성해지고 안목은 넓어집니다. 의견의 다름이 서로 미워하는 마음이 되지 않게 섬세하게 살핍니다. 이렇게 우리 아이들은 또 한 뼘 컸습니다.

수업 속으로

"선생님 오늘은 무슨 책 읽을 거에요?"

지난 시간에 읽은 그림책이 재미있었나봅니다. 아이들이 기대에 찬 눈으로 선생님을 쳐다봅니다.

"오늘은 꼴뚜기가 나오는 동화책을 읽을거야."

"독도는 우리 땅 노래에 나오는 꼴뚜기요?"

"그래 바로 그 꼴뚜기야."

"제목만 들어도 재미있을 것 같아요. 빨리 읽어요 선생님!"

오늘은 모두 같이 소리 내어 읽습니다. 어디서부터 어디까지 누가 읽으라고 선생님이 정해주지 않습니다. 자기 읽고 싶은 만큼 읽고 멈추면 옆에 앉은 친구가 읽습니다. 너무 많이 읽으려고 욕심내는 친구가 있으면 선생님이 '어험~'하고 헛기침을 합니다. 그러면 그 아이는 멋쩍은 듯 웃고 읽기를 멈춥니다. 다 읽고 선생님과 이런저런 이야기를 나눕니다.

"꼴뚜기라는 별명으로 불리면 어떤 기분일까?"

"별로 좋지 않을 것 같아요. 인간보다 하등 동물이잖아요."

"요즈음 못생긴 사람을 놀리면서 오징어라고 부르는데 꼴뚜기는 오징어보다 더 작고 볼품 없잖아요. 정말 기분이 좋지 않을 것 같아요."

선생님이 다른 질문도 합니다.

"그럼 불려서 기분 좋은 별명도 있니?"

"유재석은 사람들에게 인기가 엄청나서 유느님이라고 불리잖아요. 그건 좋을 것 같아요."

"우리 반 아영이는 뭐든지 잘해서 친구들이 '갓아영'이라고 불러요."

"네 이것도 비슷한데요, 실력이 좋은 운동 선수 이름에 성 대신 '빛'을 붙여 부르기도 해요."

"그렇군요. 그럼 우리는 친구의 별명을 불러도 될까요?"

"그 친구를 놀리는 의도가 아니라면 불러도 괜찮을 것 같아요."

"그 친구 의견도 들어봐야 할 것 같아요. 난 엄마 아빠가 지어주신 제 이름이 그 어떤 별명보다도 좋거든요."

"선생님 이것 닭이 먼저냐 달걀이 먼저냐 문제랑 비슷한 거 같기도 해요."

"그게 무슨 말이지, 민성아?"

"친해지려고 별명을 부르기도 하는데 친해져야 별명을 부르는 걸 허락하는 경우도 있거든요. 별명을 불러서 친해지는 건지 친해서 별명을 부르는 건지 어휴 헷갈려요."

"그래 그렇구나. 선생님도 헷갈린다."

"어떤 경우든 별명을 듣는 친구의 기분을 상하게 하는 별명은 안돼요."

"내 별명을 부를 수 있을 만큼 친한 친구와 그렇지 못하는 친구가 구별되는 게 과연 좋은 일인지는 잘 모르겠어요. 다른 친구들이 부를 수 있는 별명을 저는 부르지 못한다면 저는 좀 서운할 것 같아요."

"그렇구나, 별명을 부를 수 있는 게 차별이 될 수도 있겠구나."

"그래 좋다. 그럼 우리 한 발짝만 더 들어가 볼까? 그 전에 선생님이 읽기 자료를 줄테니 천천히 읽어보렴."

아이들에게 '브란치스'라는 시와 '나'라는 시를 보여줍니다. 발음하기 어렵고 영어식 이름도 아니지만 그 이름이 바로 내 이름이라는 내용의 시입니다.

"우리 지난 시간에 다문화 가정에 관한 영상을 본 적 있지?"

"네 참 의미 있는 시간이었어요."

"혹시 그 아이들의 어머니 이름이 기억나니?"

"네, 발음하기 어려운 이름도 있었고, 우리나라 이름도 있었어요."

"그래 그랬지. 그럼 결혼이주여성은 한국식으로 이름을 바꾸어야 할까? 너희 생각은 어때?"

"전 한국식으로 바꾸었으면 좋겠어요. 로마에 왔으면 로마법을 따르라는 건 아니에요. 엄마 이름을 한국식으로 바꾸면 그 자녀들이 좀 더 편견 없이 성장하면서 사회에 적응할 수 있을 것 같아요."

"한국식 이름이 아니면 다른 눈으로 본다는 것 자체가 잘못된 것이라고 생각합니다. 엄마 이름을 지켜줌으로써 엄마와 엄마 나라의 문화를 존중해주어야 한다고 생각합니다."

친구들과 함께 주제토론을 계속 이어갑니다.

"결혼이주여성이 꼭 어머니가 된다는 보장은 없으니 자녀의 적응을 위해 이름을 바꾼다는 건 맞는 말은 아닙니다."

"선생님 제가 자료를 찾아보니까 우리나라는 이름으로 쓸 수 있는 글자 수가 다섯 글자로 제한되어 있다고 합니다. 결혼이주여성이 자기 본래 이름을 지키고 싶어도 한글로 다섯 글자 이상이면 쓰기 어려울 것 같아요."

"그렇군요. 결혼이주여성에게 한국식 이름으로 무조건 개명하라고 하는 건 부당하다는 의견이 많군요. 더 나아가 모국에서 쓰던 이름을 그대로 쓸 수 있으려면 이름 글자 수를 제한하는 지금의 제도에도 개선이 필요할 것 같습니다."

"오늘도 여러 가지 이야기를 나누어 보았습니다. 갈수록 여러분의 생각이 깊어지고 무조건 자기 생각만 옳다고 고집하는 경우가 줄어들어서 선생님은 보기 좋습니다. 자기 의견을 내는 걸 조심스러워하는 마음도 이해합니다. 그저 소극적인 자세가 아니라 신중해지고 생각이 깊어지는 과정이라서 선생님은 오히려 여러분이 대견하고 기특합니다. 앞으로도 계속 친구들을 배려하고 다른 의견을 존중하며 여러 가지 생각을 나누어 봅시다."

꼴뚜기 교수학습안

단계	교수·학습 활동	자료(ㅁ) 및 유의점(※)
도입	〈꼴뚜기〉를 함께 읽고 이야기를 나누어 봅시다. ◎ 학습활동 안내하기 〈활동1〉 함께 책읽기 〈활동2〉 토론 주제에 대해 이야기 나누기	
전개	〈활동1〉 함께 책읽기 ◎ 자유롭게 순서를 지켜가며 함께 책을 읽어봅시다. – 꼴뚜기라고 불리면 기분이 어떨까요? – 선생님은 어떤 분인 것 같나요? – 잘 이해가 되지 않는 주인공의 말이나 행동이 있었나요? 〈활동2〉 이야기 나누기 ◎ 친구의 별명을 불러도 될까요? – 친구가 별명을 부를 때 어떤 기분인가요? – 듣기 좋은 별명도 있나요? – 친구가 기분 나쁘지 않게 별명을 부르려면 무엇이 필요할까요? ◎ 결혼이주여성은 한국식 이름으로 개명해야 할까요? – 결혼이주여성이나 다문화 가정에 대한 경험이 있나요? – 결혼이주여성을 한국식 이름으로 개명해야 할까요? – 개명을 하면 좋은 점은 무엇일까요? 모국의 이름을 지켰을 때 좋은 점은 무엇일까요? – 개명을 할 때 고려해야 할 점이 있을까요?	※ 교사의 경험을 나누는 것은 학생의 생각 확장에 도움이 된다. 1 시 자료('브란치스', '나')
정리	◎ 책을 읽고 이야기를 나눈 소감을 말해봅시다. ◎ 새로 알게 된 점이나 친구에게 꼭 하고 싶은 말이 있다면 나누어 봅시다.	

27 꽃들에게 희망을

　《꽃들에게 희망을》은 1972년 출간되어 50년 넘게 전세계 수백만의 독자에게 사랑받는 베스트셀러입니다. 노랑애벌레와 호랑애벌레가 만나 나비가 되는 과정을 그린 동화책입니다. 좌절의 시간도 있었지만 둘 다 멋진 노랑나비와 호랑나비가 되지요. 나비가 되는 걸 넘어 꽃들에게 희망을 주는 존재가 됩니다. 그 모습을 본 다른 애벌레들도 의미 없는 경쟁에서 벗어나 모두 나비가 되어 꽃들에게 희망을 줍니다.

　먼저 함께 이 책을 소리 내어 읽습니다. 누구에게 가장 마음이 갔는지 서로 이야기 나눕니다. '좋은 사이'라는 주제로 자기의 생각을 말합니다. 다른 책의 사례도 조금씩 나눕니다. '서로에게 사이좋은 친구가 되려면 무엇이 필요한가?'에 대해서도 자신의 의견을 이야기합니다. 자연스럽게 자존과 존중이라는 가치를 발견하게 됩니다. 책을 함께 읽은 같은 독자로서 선생님의 생각과 느낌도 자연스럽게 아이들과 나눕니다. 새로운 세상에 대한 두려움이나 다른 친구와 생각이 다른 것에 대한 어색함도 자연스럽게 받아들입니다. 아이들이 번데기에 도전하는 용기가 너 중요하기 때문입니다. 친구들과 이야기를 나누며 함께 성장하기를 바랍니다.

수업 속으로

오늘은 '사이좋은 친구'라는 주제로 동화책 토론을 합니다. 〈꽃들에게 희망을〉이 함께 읽을 책입니다.

"자~ 그럼 먼저 표지부터 볼까? 이게 뭐지?"

"으 징그러~ 애벌레에요. 꽃도 있네요."

아이는 표지를 손끝으로 잡으며 장난스럽게 인상을 찌푸립니다.

"누가 주인공인 거 같니?"

"글쎄요, 애벌레가 주인공인가? 나비가 주인공인가? 근데 제목이 꽃들에게 희망을 이니까 꽃이 주인공이지 않을까요?"

"야 근데 '희망'을 이란 말이 붙어 있잖아. 꽃들에게 희망을 주는 존재가 주인공이 아닐까? 그럼 아마 나비가 주인공일 거야."

"우와 석찬이 넌 오늘 내 수업 안 들어도 되겠다. 선생님이 하고 싶은 말은 다 해버렸네!"

"정말요? 네 그럼 선생님 안녕히 계세요. 저는 먼저 가보겠습니다~."

석찬이는 장난스럽게 책가방을 챙겨서 문으로 나가는 시늉을 합니다.

이제 함께 책을 읽습니다. 모두 한 페이지씩 돌아가며 소리 내어 읽습니다. 책을 다 읽고 다시 이야기를 이어갑니다.

"선생님은 오늘 '사이좋은 친구가 되려면'이라는 주제로 이야기하고 싶어. '사이'가 뭘까?"

"이것과 저것을 이어주는 공간이나 관계를 이야기하는 것 같아요."

"사이좋다는 건?"

"무언가 두 존재가 서로 좋은 관계를 맺는다는 거지요."

"우리는 누구나 사이좋게 지내고 싶어 해. 그럼 어떻게 해야 사이좋게 지낼 수 있을까?"

"다른 사람하고 사이좋게 지내려면 그 사람이 원하는 것을 해줄 수 있어야 해요." 소민이가 말합니다.

"하지만 그렇게 남의 기준에 맞추면 나는 점점 다른 사람에게 의존하게 되고, 그러면 그 사람이 나를 무시하게 됩니다."

영민이가 눈을 또랑또랑 빛내며 말합니다. 아이들도 벌써 관계에 대해 이런저런 생각이 많나 봅니다. 가르쳐주어야 할 것 같은데 책 읽고 토론을 하다 보면 벌써 아이들이 사신만의 답을 가지고 있다는 생각도 듭니다. 벌써 다 알고 있구나 싶습니다.

"사이좋게 지내려면 나와 너 중에서 누가 더 중심이 되어야 할까?"

좀 빤한 답인 것 같지만 제가 물어봅니다.

"저는 먼저 자신을 소중하게 생각해야 남도 소중하게 생각해준다고 봐요."

"그럼 자기만 알게 되지 않나요?"

"내가 소중하니까 친구도 소중하죠. 강아지똥이 기특하기는 하지만 민들레에게 다 흡수되어버린 건 좀 아쉬워요."

창민이가 말합니다. 아이들에게서 제가 감동을 받습니다.

또 화제가 바뀝니다. 인상 깊은 장면을 함께 말합니다.

"번데기의 시간을 지나 완전히 다른 존재가 되었다는 게 인상 깊었어요. 그렇지만 번데기의 시간은 불안하고 무서웠을 것 같아요."

조용히 있던 지호가 말합니다.

"맞아, 나도 그럴 거 같아." 이구동성으로 한 마디씩 보탭니다.

"책을 보자. 애벌레들은 어떻게 그 불안함을 이겼을까?"

"나와 비슷한 친구가 언제나 서로의 곁은 지켜주었어요. 애벌레들은 사라지지 않았어요. 모양이 변했지만 서로의 곁에 끝까지 남았어요."

"서로 사라지지 않고 도우면서 완전히 다른 존재로 다시 태어났어요."

"거기에서 그치지 않고 꽃들에게 희망이 되었죠. 그리고 다른 애벌레도 나비가 되었어요. 나비가 꽃잎이 피는 것처럼 한꺼번에 날아오르는 장면에서는 약간 소름 돋았어요."

가끔 동화책 읽고 토론하면 깜짝깜짝 놀랍니다. 여러 사람이 함께 읽는 것이 얼마나 대단한지를 느낍니다. 혼자 읽고 덮었다면 이런 이야기를 들을 수 없었겠죠?

"불안함을 애벌레들이 그렇게 이겨냈구나. 그 덕에 새로운 존재로 다시 태어났지. 혹 너희들도 자기가 살아가는 것이 불안한 적이 있니?"

"있어요. 6학년이 되니까 중학교 생활이 조금 걱정이 돼요."

어린 아이들이지만 그들만의 불안함이 있습니다. 나이와 상관없이 우리 삶이 매번 낯설고 새로운 것을 만나야 하니 어쩌면 그런 불안은 당연할지도 모릅니다.

"그렇게 불안한 마음이 들 때 어떤 식으로 자기에게 힘을 주니?"

자연스럽게 책 이야기에서 자신의 삶의 영역으로 들어갑니다.

"애벌레들은 자신의 꿈무니에서 번데기가 될 실이 나오는 걸 보고 미래의 더 나은 자신에 대해 믿은 거 같아요."

"저도 제가 무얼 할지는 모르겠지만 잘 살 거라는 믿음이 있어요." 창민이가 보탭니다.

"우리 누나는 고등학생인데요. 열심히 하면 별로 안 어렵다고 했어요."

그랬구나. 아이들이 나름대로 다 믿는 구석이 하나씩 있구나 싶습니다. 조용히 아무 말도 안 하는 민서는 곰곰이 이야기를 듣고 있습니다. 비록 아무 말 하지 않고 있어도 여러 생각이 그 귀여운 머릿속에서 오고 가고 있는 것이 보입니다. 저는 토론 시간 말로 표현되지는 않지만, 아이들이 몸으로 무언가를 느끼고 있는 장면을 보는 것이 무척 기쁩니다.

"샘, 저는 꼭 나비가 되어야 한다고 생각하지는 않아요."

윤하가 조용한 목소리로 말합니다.

"그렇구나. 왜 그렇게 생각하니?"

"전 기둥 끝까지 한 번 올라가 보고 싶어요."

"야, 거기엔 아무것도 없다고 했잖아." 다른 친구가 끼어듭니다.

"맞아, 가면 헛고생하는 거야."

윤하는 머뭇거립니다. 제가 눈치로 다른 아이들을 제지하자 그제야 마음이 놓이는 듯 숨을 내쉽니다.

"나는 애벌레 기둥 끝까지 올라가고 싶어요. 거기에 정말 아무것도 없는지, 혹 뭐가 있는지 알 수 없잖아요. 그걸 제 눈으로 확인하는 것 자체가 의미 있다고 생각해요. 기둥 위에 아무것도 없다고 포기하는 애벌레도 결국 남 이야기만 듣고 판단한거잖아요. 남들이 그렇다고 그냥 올라가기를 포기하는 것도 좀 그런 거 같아요."

제가 생각해보지 못한 부분을 윤하가 이야기합니다. 다른 아이들과 결이 다른 생각을 이야기해주는 것이 고맙습니다.

"윤하야, 정말 멋진 이야기다. 난 너의 도전 정신이 정말 멋있다고 생각해. 그리고 그런 네 생각을 말해줘서 고마워."

각자 소감을 말합니다. 저도 빠질 수 없겠죠? 저도 아이들과 동등한 토론 참여자 중 한 사람이니까요.

"난 늙은 애벌레가 마음에 와 닿았어. 비록 늦었지만 번데기에 도전했고 그걸 보고 노랑 애벌레도 나비가 되기로 마음먹었잖아. 난 선생님이니까 학생들에게 그런 존재가 되어야 하지 않을까? 라는 생각을 했어. 내가 용기를 내어 먼저 번데기가 되어 보는 것 말이야."

저의 소감으로 이야기를 마무리합니다. 아이들에게 스무 살에 이 책을 꼭 한 번 더 읽어보라고 했습니다. 그 때는 또 다른 느낌으로 이 책이 다가올 거라고요. 시간이 흘러 아이들이 문득 서점에 들렀을 때 이 책을 보고, 제 말을 기억할 수 있을까요?

꽃들에게 희망을 교수학습안

단계	교수·학습 활동	자료(□) 및 유의점(※)
도입	그림책을 함께 읽고 이야기를 나누어 봅시다. ◎ 학습활동 안내하기 〈활동1〉 함께 책읽기 〈활동2〉 토론 주제에 대해 이야기 나누기	
전개	〈활동1〉 함께 책읽기 ◎ 함께 책을 읽어봅시다. – 어떤 장면이 인상 깊었나요? – 그 장면에서 나라면 어떻게 했을까요? – 등장 인물 중에 가장 마음에 드는 인물은 누구인가요? 그 이유는요? 〈활동2〉 이야기 나누기 ◎ 이야기 나누기 – '사이 좋은 친구'가 되려면 어떤 게 필요할까요? – 좋은 관계에서 여러분의 걱정은 무엇인가요? – 관계를 다루는 다른 동화책과 이 동화책의 차이는 무엇이라고 생각하나요? – 책을 읽으면서 여러분에 마음에 와 닿은 가치는 무엇이었나요?	※ 관계를 다루는 다른 동화책도 간단하게 소개한다.(강아지똥, 어린 왕자, 아낌없이 주는 나무 등)
정리	◎ 책을 읽고 이야기를 나눈 소감을 말해봅시다.	

찬반대립 토론

28 토론 ABC

《토론은 뭘까?》는 토론 수업을 하기 전에 아이들과 같이 토론의 의미를 생각하는 활동입니다.

먼저 토론하면 떠오르는 단어나 이미지를 각자 쓰고 아이들과 의견을 나눕니다. 아이들은 다양한 의견을 받아들이면서 토론에 대한 자신만의 정의를 내립니다. 그리고 우리가 토론하고 싶은 논제를 만듭니다. 선생님이 토론討論은 討토와 論론이 합쳐진 글자이고 말과 관련 있다고 설명하면 아이들은 어려워합니다. 그래서 아이들과 함께 대화하면서 토론이 무엇인지, 토론을 왜 하는지 알아가려 합니다.

이런 과정에서 아이들은 토론에 대한 여러 관점과 토론의 필요성에 대해 자연스럽게 알게 됩니다. 토론수업의 목표 중의 하나는 토론을 자연스럽게 생활화하는 아이들로 자라게 하는 것입니다. 그러려면 꼭 지켜할 것이 자발성입니다. 자발성을 갖도록 하려면 아이들이 토론에 주도적으로 참여할 수 있도록 해야 합니다. 토론에 대해 이야기를 나누고 논제를 직접 만들어 보는 이유도 자발성 때문입니다.

토론을 통해 아이들은 함께 생각하는 것의 즐거움과 가치를 깨닫고 서로 조화롭게 살아가는 구성원으로 성장할 것입니다.

수업 속으로

수업을 시작하면서 토론영상을 같이 봅니다.
"무엇을 하고 있나요?"
"등교 후 휴대폰 제출에 대해 토론하고 있어요."
"토론하는 이유는 무엇인가요?"
"등교 후 휴대폰을 제출하는데 생각이 달라서 토론해요."
자신들의 생활과 관련된 주제 영상이어서 공감하며 봅니다.
"이번 시간에는 '토론은 뭘까?'를 알아보겠습니다. 아이들과 토론하면 떠오르는 단어나 이미지를 브레인스토밍 하였습니다.

아이들이 발표한 단어와 이미지가 워드클라우드에 올라옵니다.

워드클라우드를 통해 토론에 관한 학생들의 생각을 확인합니다. 주장, 찬성과 반대, 근거, 갈등, 설득 등의 단어를 보면 아이들이 생각하는 토론의 기본 속성이 보입니다.

싸움, 말싸움, 언성, 경쟁, 극과 극의 단어를 보면 토론은 대립적인 활동이라고 인식합니다. 브레인스토밍을 통해 아이들은 토론을 다양한 이미지로 바라봅니다.

"워드클라우드를 참고해 토론의 의미를 정의하고 그렇게 생각한 이유도 말해 볼까요?"

"토론은 바다입니다. 바다의 모래와 파도처럼 서로 의견을 가지고 주장, 반론하는 것이기 때문입니다. 토론이란 서로 주장을 가지고 근거를 대어 더 나은 의견을 찾는 것입니다."

"토론은 갈등 같습니다. 찬성, 반대팀으로 나눠 서로의 의견에 근거를 말하며 우기는 것 같아요."

학생들이 말하는 토론이 신선하게 다가옵니다. 아이들이 다른 의견도 말합니다.

"토론은 필요한 싸움입니다. 왜냐하면 뜻이 다른 사람은 자기 뜻을 굽히지 않을 것입니다. 그러므로 어떤 일을 실천하려면 말로 하는 싸움이 필요합니다."

"토론은 자기 주장을 근거와 함께 내세워 상대를 설득해 문제를 해결하는 것입니다. 토론은 찬성과 반대로 나누어져 토론하며 어떤 문제와 갈등을 해결하고자 하는 것입니다."

토론을 대립이냐 문제해결로 보느냐에 따라 토론에 대한 정의가 달라집니다. 몇 번의 논의를 통해 아이들은 '토론은 대립에 그치지 않고 논리적으로 문제를 해결하는 과정'이라는 것을 알게 됩니다.

우리 반은 토론을 주제에 대해 찬성과 반대로 나누어 근거를 제시하면서 논리적으로 상대를 설득하는 활동이라고 정의합니다.

"이제 우리가 토론할 논제를 만들어 볼 거예요. 논제를 만들어 본 적 있나요?"

대부분의 아이들은 경험이 없다고 말합니다.

그런데 한 아이가 "짜장면, 짬뽕 중 더 맛있는 음식을 고르는 것도 논제인가요?"라고 질문합니다. 아이들이 논제의 조건을 알고 있는지 확인하기 위해 〈짜장면, 짬뽕 중 더 맛있는 음식은?〉 논제가 되는지 더 이야기 해 봅니다.

"짜장면과 짬뽕 중에 선택해야 하니까 논제가 될 것 같아요."

"맛있는 것은 사람마다 달라서 객관적인 자료를 제시하지 못하지 않을까요? 논제가 안 될 것 같아요."

아이들의 의견이 반으로 나뉩니다.

"논제가 갖추어야 할 조건은 무엇일까요?"

"찬성과 반대요."

"찬반이 어느 한 쪽으로 기울면 안 돼요."

"한 가지 주제와 실현 가능성입니다."

"구체적이고 객관적인 자료로 검증하는 것 아닐까요?"

이미 토론에 대해 아이들이 많이 알고 있다는 느낌이 듭니다.

"논제가 갖추어야 할 조건은 균형 잡힌 찬성과 반대의 입장으로 나뉘는 것입니다. 또 한 가지 주제에 집중해야 하고, 토론 내용이 구체적이고 분명해야 합니다. 객관적으로 검증 가능해야 하고, 현재 상황을 변화시키려는 의도가 반영되는 것입니다. 논제는 어디에서 찾을 수 있을까요?"

아이들에게 논제를 어디에서 찾을 수 있는지 물었습니다.

"생활, 해결이 필요한 문제, 사회, 공부 등입니다."

"그렇죠? 그럼 우리가 직접 논제를 만들어 봅시다. 순서를 알려줄게요."

1. 각자 논제와 제안 이유를 포스트잇에 적기
2. 모둠에서 각자 논제와 제안 이유 발표하고 화이트보드에 적기
3. 자유롭게 다른 아이의 논제를 보면서 각자 받은 스티커 4장을 마음에 드는 논제에 붙이기(한 논제에 붙일 수 있는 스티커 수는 최소 1장에서 최대 4장)
4. 스티커를 많이 받은 아이가 논제와 이유 발표하기, 그 논제에 스티커 붙인 학생도 의견 발표하기
5. 최종 논제 정하기

아이들은 마음에 드는 논제에 스티커 붙일 때 고민이 많습니다.

처음에는 스티커를 쉽게 붙이는데 나중에는 스티커를 붙이는데 시간이 더 걸립니다. 토론을 하고 싶은 논제가 많기 때문입니다.

이 과정에서 아이들은 논제가 갖추어야 할 조건을 고려하면서 더 매력적인 논제를 선택합니다.

많은 아이들에게 스티커를 받은 논제를 발표해 봅니다.

"학교에 간식을 들고 와서 먹는 것을 허락해야 합니다. 이유는 아침을 먹지 않고 온 학생들도 있어 배가 고픕니다. 허기를 채우기 위해 간식은 필요합니다."

"착한 사마리아인의 법. 왜냐하면 아직 우리나라에는 착한 사마리아인의 법이 도입되지 않았습니다. 사례로는 한 응급구조 자격증이 있는 남자가 계곡에서 여자를 CPR로 구했는데 성폭행으로 신고 된 사례가 있습니다."

수업시간과 관련된 논제도 아이들에게 스티커를 많이 받습니다.

"수업시간에 핸드폰을 제출해야 하는가? 이유는 반에서 정한 핸드폰을 사용할 수 있는 시간 이외에 몰래 핸드폰을 사용하는 경우가 있기 때문입니다."

"수업시간에 방해가 되는 행동을 하면 반성문(명심보감)을 써야 합니다. 이유는 반성문(명심보감)을 쓰면 학생들이 수업시간에 방해가 되는 행동을 덜 할 것 같습니다."

이 외에도 아이들이 만든 재미있는 논제 몇 가지를 소개했습니다.

"학교에 인형 같은 장난감은 가지고 와도 될까? 이유는 자신이 좋아하는 인형을 가져오면 마음이 안정되어 공부를 더 잘할 수 있습니다."

"3만원 지폐권을 발행해야 합니다. 이유는 1만원과 5만원 사이에 틈이 커서 3만원 지폐를 발행하면 틈을 메꿔줄 수 있기 때문입니다."

논제의 형식을 살펴보면 명사형 및 의문문으로 끝난 것이 있어 논제는 긍정형의 평서형으로 만들어야 한다고 알려줍니다.

"〈착한 사마리아인의 법〉은 명사형이라서 〈착한 사마리아인의 법을 도입해야 한다.〉로 고쳐볼까?"

"〈수업 시간에 핸드폰을 제출해야 하는가?〉은 의문문이라서 〈수업 시간에는 핸드폰을 제출해야 한다.〉로 고치면 좋아요."

아이들이 만든 논제를 살펴보면 학교생활에 관한 내용이 가장 많습니다. 그중에서 학교에서 핸드폰 사용 규제에 관한 내용이 많이 있습니다.

아이들은 핸드폰 사용에 관해 생각과 의견이 달라 토론을 하고 싶어 합니다. 이런 이유로 최종적으로 정한 논제는 〈초등학생은 등교 후 휴대폰을 제출해야 한다.〉 입니다.

토론은 뭘까? 교수학습안

단계	교수·학습 활동	자료(□) 및 유의점(※)
도입	**토론은 뭘까?** ◎ 토론영상 시청하기 및 학습활동 안내하기 〈활동1〉 토론하면 떠오르는 단어 및 이미지 브레인스토밍 〈활동2〉 토론의 의미 정의하기 〈활동3〉 논제 만들기	1 토론영상 (https://www.youtube.com/
전개	〈활동1〉 토론하면 떠오르는 단어 및 이미지 브레인스토밍 〈활동2〉 토론의 의미 정의하기 ◎ 각자 토론의 의미와 그 이유 포스트잇에 적고 발표하기 예시 ① 토론은 바다이다. 바다의 모래와 파도처럼 서로 의견을 가지고 주장, 반론하는 것이기 때문입니다. ② 토론은 갈등 같다. 찬성과 반대팀으로 나눠서 서로의 의견에 근거와 의견을 내면서 자신의 의견이 맞다고 우기는 것 같습니다. ◎ 워드클라우드로 발표내용 정리하기 ◎ 우리반 토론의 의미 정의하기 〈활동3〉 논제 만들기 ◎ 각자 논제와 그 이유를 포스트잇에 적기 ◎ 모둠 화이트 보드에 모둠원 논제 적기 ◎ 각자 4장의 스티커를 마음에 드는 논제에 붙이기 예시 ① 수업시간에 핸드폰을 제출해야 한다. ② 학교에 간식을 들고 와 먹기를 허락해야 한다. ③ 착한 사마리인의 법을 도입해야 한다. ◎ 전체 토의, 토론을 통해 최종적으로 논제 정하기 〈초등학생은 등교 후 휴대폰을 제출해야 한다〉	2 포스트잇 3 워드클라우드 4 화이트보드 ※전체 학생들이 자유롭게 다니면서 스티커를 토론하고 싶은 논제에 붙인다. ※ 논제를 정할때는 긍정적 평서형으로 제시한다.
정리	◎ 〈토론은 뭘까? 소감 나누기〉	

29
논제 분석 3종 놀이

논제 분석 3종 놀이는 논제에 접근하는 브레인스토밍, 논제를 이해하는 질문에 답하기, 논제의 주요 쟁점을 파악하는 찬성과 반대의 근거 만들기로 구성되어 있습니다.

논제 분석을 통해 알아야 할 주요 내용으로는 문제 인식, 용어 정의, 근거 찾기입니다. 문제 인식은 문제 상황이 무엇인지 알고 이 논제로 토론하는 이유 즉 토론의 필요성을 파악하는 것입니다. 용어 정의는 찬성과 반대 각자의 입장에서 유리하도록 논제에서 중요한 단어의 뜻을 정의하는 것입니다.

근거 찾기는 찬성과 반대의 주장을 뒷받침하는 근거와 자료를 찾아 주요 키워드로 정리하는 것입니다.

논제 분석에서 중요한 점은 토론의 전체적인 맥락을 이해하고 토론의 논리적인 틀을 만드는 것입니다. 논제를 체계적으로 분석하면서 아이들은 균형 잡힌 관점, 주요 쟁점, 다양한 입장 등을 이해합니다.

논제 분석 3종 놀이가 토론할 때 아이들이 명확하고 설득력 있는 주장을 펼치는데 도움이 되면 좋겠습니다.

수업 속으로

"지난 수업 시간에 우리가 정한 논제 기억하나요?"

"초등학생은 등교 후 휴대폰을 제출해야 한다."

몇몇 아이들이 큰 소리로 대답합니다.

"이번 시간에는 논제 분석 3종 놀이를 해봅시다."

"그게 뭐예요?"

"논제 분석할 때 하는 놀이인데, 놀이하면서 우리가 정한 논제를 꼼꼼하게 분석해 봐요."

아이들과 함께 먼저 논제에 다가가는 브레인스토밍을 합니다.

"논제를 보고 떠오르는 단어나 이미지가 있나요? 워드클라우드에 논제에 관해 브레인스토밍한 내용을 올려봅시다."

〈초등학생은 등교 후 휴대폰을 제출해야 한다〉에 대해 아이들이 브레인스토밍 합니다. 먼저, 휴대폰을 사용하고 싶은 아이들의 마음이 반영되어 긍정보다 부정적 단어의 비율이 더 높습니다. 긍정적 내용은 수업집중, 몰폰 예방, 교권개선 등입니다. 부정적 내용은 자료검색 어려움, 학생들의 불만, 분실 시 책임 등입니다.

이 과정에서 논제에 대한 아이들의 다양한 관점을 확인합니다.

다음은 논제를 이해하는 질문 답하기입니다.
아이들이 논제를 전체적으로 이해하도록 돕는 질문은 네 가지입니다. 질문 순서 및 내용은 고정된 것이 아니며 상황에 맞게 조정합니다.

질문	의도
이 논제를 토론하는 이유는?	논제의 의도, 논제와 관련된 문제 상황을 인식할 수 있도록 함
상대를 설득하기 위해 필요한 내용은?	토론을 일관성 있게 할 수 있도록 주요 쟁점과 상대에게 증명할 내용을 파악하도록 함
논제와 관련된 사람과 그 생각은?	논제와 관련된 여러 사람들의 입장을 공감하고 구체적인 근거를 생각하도록 함
논제가 실시되었을 때 장점과 단점은?	논제가 실시되었을 때 장점과 단점을 파악하여 찬성과 반대의 주요 근거를 만들도록 함

"〈초등학생은 등교 후 휴대폰을 제출해야 한다〉를 왜 토론할까요?"
"휴대폰 제출에 대해 학생들의 생각과 의견이 다르기 때문입니다."
"휴대폰 때문에 문제가 일어나기 때문입니다. 며칠 전에 휴대폰 알람이 큰 소리로 울려서 공부하는데 방해가 되었습니다." 아이들은 문제 상황이 무엇인지 학교에서의 경험으로 충분히 알고 있습니다. 이 문제를 토론하면서 함께 해결하면 좋겠다고 생각합니다.

"이 논제에 찬성, 반대하는 사람을 설득할 때 필요한 내용은 뭘까요?"

"찬성을 설득하려면 휴대폰의 필요성을 들면 좋겠어요. 예를 들어 수업시간에 휴대폰으로 자료를 검색하면 빠르고 편리해요."

"반대를 설득하려면 휴대폰을 제출했을 때 나타날 긍정적인 효과를 제시하면 됩니다."

"휴대폰을 제출하지 않을 때 생기는 문제점도 반대를 설득할 때 좋은 자료가 될 것 같아요."

아이들은 반대를 설득할 내용은 구체적으로 잘 파악하나 찬성을 설득할 내용을 파악하는데 어려워합니다.

"이 논제와 관련된 사람은 누구인가요?"

"학생, 학부모, 선생님입니다."

"그 사람들의 생각은 어떨까요?"

"학생은 휴대폰이 익숙해서 제출하는 것이 힘들어 대부분 반대할 것 같습니다."

"학부모들은 휴대폰 중독이 위험하다는 것을 알고 있어 대부분 찬성할 것 같습니다."

"선생님은 수업 집중, 휴대폰 중독 예방을 이유로 대부분 찬성할 것 같아요."

아이들은 학생을 제외한 학부모와 교사는 대부분 휴대폰 제출에 찬성한다고 생각합니다.

"〈초등학생은 등교 후 휴대폰을 제출해야 한다〉 실시되었을 때 장점에 대해 이야기 해 볼까요?"

"휴대폰을 제출하면 수업에 더 집중합니다."

"교권침해가 줄어듭니다."

"스마트폰 중독 예방에 도움이 됩니다."

"그러면 〈초등학생은 등교 후 휴대폰을 제출해야 한다〉 실시되었을 때 단점은 뭘까요?"

아이들에게 장점 대신 단점을 질문했습니다.

"휴대폰이 필요할 때 사용을 못해서 불편합니다."

"분실 시 책임이 누구에게 있는지 애매합니다."

"스트레스 받습니다."

아이들은 논제를 이해하는 질문에 답을 찾으면서 토론의 전체적인 맥락을 파악하고 논리적인 틀을 만듭니다.

"이제 찬성과 반대의 근거를 만들어 봅시다. 순서를 알려줄게요."

1. 각자 용어정의가 필요한 단어 정하기, 찬성과 반대 근거 만들기
2. 모둠에서 찬성, 반대 근거 공유하기
3. 자유롭게 다니면서 전체 학생들의 찬성과 반대의 근거 확인하기
4. 자신의 찬성과 반대 근거 수정하기

찬성, 반대의 근거를 만들 때 완성된 형태의 근거를 강요하지 않습니다. 이 과정에서 중요한 점은 다양한 근거에 대해 생각하고 논리적인 관점으로 좀 더 설득력 있는 근거를 만드는 것입니다.

아이들이 만든 찬성과 반대의 주요근거를 표로 정리해봅니다.

논제 : 초등학생은 등교 후 휴대폰을 제출해야 한다.

용어정의가 필요한 단어 : 등교, 휴대폰, 제출

찬성	반대
1. 수업에 집중할 수 있다. · 휴대폰 제출 후 수업태도가 좋아졌다는 기사 2. 교권침해 방지할 수 있다. · 휴대폰 사용으로 교권침해가 된 사례, 몰폰 방지 3. 스마트폰 중독을 예방할 수 있다. · 휴대폰 제출로 중독이 예방된 사례, 기사	1. 휴대폰이 필요한 상황에 쓰기 어렵다. · 자료 검색 필요성, 횟수 2. 분실 시 책임이 명확하지 않다. · 보관 어려움, 책임 불분명 3. 수업 집중에 변화가 없다. · 수업에 집중하지 않는 학생은 차이가 없음 · 휴대폰 생각이 나 공부에 방해가 됨

"논제 분석 3종 놀이하면서 알게 된 점, 느낀 점을 이야기 해 볼까요?"

"논제를 꼼꼼하게 분석해서 재미있고 좋았습니다."

"논제 분석 없이 토론을 바로 했는데 단계별로 논제에 대해 생각을 많이 해서 힘들었습니다."

아이들은 논제 분석 3종 놀이를 하면서 논제를 체계적으로 분석하기 시작하였고 다음시간에 할 토론에 자신감을 보입니다.

논제 분석 3종 놀이 교수학습안

단계	교수·학습 활동	자료(ㅁ) 및 유의점(※)
도입	논제 분석 3종 놀이를 해 봅시다. ◎ 학습활동 안내하기 〈활동1〉 브레인스토밍하기 〈활동2〉 질문에 답하기 〈활동3〉 근거 만들기	
전개	〈활동1〉 브레인스토밍하기 ◎ 논제 "초등학생은 등교 후 휴대폰을 제출해야 한다" 대해 떠오르는 것을 모두 적어 봅시다. ◎ 모둠, 반 전체로 내용을 공유해 봅시다. 〈활동2〉 질문에 답하기 ◎ 논제 "초등학생은 등교 후 휴대폰을 제출해야 한다"에 관한 질문에 대답해 봅시다. 질문 ① 이 논제를 토론하는 이유는? ② 상대를 설득하기 위해 필요한 내용은? ③ 논제와 관련된 사람과 그 생각은? 〈활동3〉 근거 만들기 ◎ 논제 "초등학생은 등교 후 휴대폰을 제출해야 한다" 찬성, 반대 근거를 만들어 봅시다. | 찬성 | 반대 | |---|---| | · 학생들이 수업에 집중할 수 있다. · 교권침해를 방지할 수 있다. · 스마트폰 중독을 예방할 수 있다. | · 휴대폰이 필요한 상황에 쓰기 어렵다. · 분실 시 책임이 명확하지 않다. · 수업 집중에 변화가 없다. |	1 토론 활동지 ※ 질문의 순서 및 내용은 상황에 맞게 조정할 수 있다. 2 태블릿PC ※ 논리적인 관점에 설득력 있는 근거를 만들도록 한다. ※ 완벽한 근거를 강요하지 않는다.
정리	◎ 〈논제 분석 3종 놀이〉 소감 나누기	

어울 토론

어울토론은 모든 아이들이 토론 과정에서 소통, 협력, 참여하면서 집단지성을 발휘해 생활 속 다양한 논쟁에 대해 고민하는 토론입니다.

어울토론은 아이들이 많은 학급에서 활용할 수 있습니다. 단계는 입안-반박-교차질의-정리이고 단계 사이에 협의가 있습니다. 어울토론의 기본적인 틀은 참고만 하되 교사가 발언시간을 비롯한 모든 면에서 수업 상황에 맞게 변형해서 사용할 수 있습니다.

형식은 크게 두 가지입니다. 첫째는 찬성과 반대의 1팀들이 먼저 토론하고 다른 팀들은 기록하거나 심사를 하면서 다음 차례를 기다립니다. 두 번째는 찬성과 반대의 1팀들이 주토론자, 다른 팀들은 보조토론자로 참여합니다.

자리배치는 마름모꼴로 모든 모둠이 교실 중앙을 향해 앉도록 합니다. 협의할 때는 안쪽에 앉은 친구가 뒤로 돌아앉아 뒤의 친구와 얼굴을 보면서 합니다.

협력, 소통, 참여의 어울토론을 통해 아이들은 경쟁적 토론을 넘어 우리가 되는 경험을 합니다. 아울러 세상을 바라보는 다양한 시각과 비판적 안목을 기릅니다.

수업 속으로

"지난 시간에 뭘 공부했나요?"
"논제 분석 3종 놀이를 했습니다."
"근거를 간단하게 만들었어요."
논제 분석 3종 놀이가 재미있었는지 공부한 내용을 잘 기억합니다.
"이번 시간에 뭘 할까요?"
"〈초등학생은 등교 후 휴대폰을 제출해야 한다〉로 토론해야죠."
"맞아요. 이번 시간에는 여러분이 정한 논제로 어울토론 해봐요."
"어울토론이 뭐예요?"

아이들이 궁금해 합니다. 경쟁보다는 어울리는 토론이라고 말해줍니다.

어울 토론이 어떻게 진행되는지 순서를 알려줍니다. 그리고 사전협의, 입안, 반박, 교차질의, 정리에 대해 아이들과 대화합니다.

찬성(먼저)	반대(나중)
사전협의	
입안(3분)	입안(3분)
협의(2분)	
반박(3분)	반박(3분)
협의(2분)	
교차질의(3분)	교차질의(3분)
협의(2분)	
정리(2분)	정리(2분)

단계	내용
사전협의	토론을 시작하기 전에 찬성, 반대팀이 자료 공유, 쟁점 정리, 찬성 및 반대 입안 근거 협의
입안	찬성, 반대팀이 논제와 관련해서 근거와 자료를 제시하면서 각자 자신의 주장을 세움
반박	상대가 입안에서 내세운 주장과 근거, 관련 자료에 대해 논리적 오류나 허점을 밝힘

교차질의	토론 참가자 모두 묻고 답하면서 상대 주장의 모순, 자료의 사실관계, 자료의 부족함을 확인함
정리	찬성, 반대팀이 마지막으로 핵심 쟁점을 분석하고 감성적 호소를 통해 자신의 주장을 마지막으로 펼침

"〈초등학생은 등교 후 휴대폰을 제출해야 한다〉 어울토론 하겠습니다."
"찬성, 반대팀을 정한 후 팀별로 사전협의를 하겠습니다."
"먼저 찬성팀부터 입안해 주시기를 바랍니다."

〈초등학생은 등교 후 휴대폰을 제출해야 한다〉 찬성팀 입안을 맡은 이철수입니다.

중학생이 수업시간에 누워서 휴대폰을 사용한 사건 기억하시나요?

수업시간에 무분별한 휴대폰 사용으로 문제가 발생하고 있습니다. 먼저 용어정의를 하겠습니다. 휴대폰은 스마트폰을 포함하여 통화와 문자만 되는 공신폰 등을 포함합니다.

등교는 등교시간 8시 30분 이후입니다. 제출은 휴대폰을 선생님에게 내는 것입니다.

우리 팀은 세 가지 근거를 들어 초등학생은 등교 후 휴대폰을 제출해야 한다에 찬성합니다.

첫째, 휴대폰을 제출하면 수업시간에 더 집중합니다. 영국 런던 정치경제대학교 연구팀의 조사에 따르면 휴대폰 사용을 금지한 학교는 전체 성적이 6.4% 상승했다고 합니다. 특히 성적이 저조했던 학생은 성적이 14%나 상승했다고 합니다.

둘째, 교권침해가 줄어듭니다. 한 중학생이 수업중에 교단에 누워 휴대폰을 사용하는 모습이 공개되어 교권침해와 관련해 논란이 되었는데 휴대폰을 제출하면 교권침해가 줄어들 것입니다.

셋째, 휴대폰 중독을 예방합니다. 초등학생 휴대폰 중독률이 7.7%인데 이는 심각한 수준입니다. 휴대폰을 제출하면 휴대폰 중독률이 낮아질 것입니다.

우리 팀은 수업시간에 집중도가 올라감, 교권침해가 줄어듬, 휴대폰 중독 예방 세 가지 근거를 들어 초등학생은 등교 후 휴대폰을 제출해야 한다에 찬성합니다.

"다음으로 반대팀 입안해 주시기를 바랍니다."

〈초등학생은 등교 후 휴대폰을 제출해야 한다〉 반대팀 입안을 맡은 김보미입니다.

먼저 용어정의는 찬성팀과 같습니다.

우리 팀은 세 가지 근거를 들어 초등학생은 등교 후 휴대폰을 제출해야 한다에 반대합니다.

첫째, 수업시간에 휴대폰을 사용하지 못해 불편합니다.

수업시간에 휴대폰을 이용해서 자료 검색, 과제 제출 등을 해야 하는데 휴대폰이 없으면 수업에 원활하게 참여할 수 없습니다.

둘째, 휴대폰 분실 시 누구의 책임인지 구분하기 어렵습니다.

휴대폰이 분실되면 교사의 책임인지, 학생의 책임인지 판별하기 어렵습니다. 휴대폰을 제출하지 않으면 학생의 책임이지만 제출을 하고 잃어버리면 그 누구도 책임 지기 어렵습니다.

셋째, 수업집중에 변화가 없습니다.

사용하지 않는 폰을 제출한 후 자신의 폰을 내는 학생도 있습니다. 우리나라 만 10세에서 19세 중 스마트폰 과의존 위험군이 약 40%라고 합니다. 이러한 학생들은 휴대폰을 제출해도 게임, SNS 생각을 하느라 수업에 더욱 집중하지 못할 수 있습니다.

우리 팀은 수업시간에 불편함, 휴대폰 분실 시 누구의 책임인지 구분하기 어려움, 수업집중에 변화가 없음 세 가지 근거를 들어 초등학생은 등교 후 휴대폰을 제출해야 한다에 반대합니다.

입안을 들으면서 자신들의 예상보다 근거와 자료가 논리적이고 구체적이어서 작은 목소리로 '와'하고 감탄하는 학생들도 있습니다.

"찬성, 반대팀 입안 잘 들었습니다. 팀별로 2분 동안 협의한 후 반박 시작하겠습니다."

"찬성팀 반박해 주시기를 바랍니다."

〈초등학생은 등교 후 휴대폰을 제출해야 한다〉 찬성팀 반박을 맡은 전미영입니다.

지금부터 반대팀에서 입안한 내용을 반박해 보겠습니다.

첫째, 휴대폰이 없어 자료를 검색하거나 과제 제출이 불편한 것은 태블릿 pc나 컴퓨터실에 있는 컴퓨터로 해결할 수 있습니다.

둘째, 휴대폰 분실 시 책임 문제는 휴대폰 보관함을 구매하여 잠금장치를 하면 휴대폰이 분실되는 경우는 없을 것 같습니다.

셋째, 수업집중에 변화가 없다는 근거의 설명 자료로 초등학생의 스마트폰

과의존 자료를 제시하였습니다. 휴대폰을 제출하지 않으면 스마트폰 과의존 학생은 점점 더 휴대폰에 의존하게 될 것입니다.
이상으로 찬성팀 반박을 마치겠습니다.

"다음으로 반대팀 반박해 주시기를 바랍니다."

〈초등학생은 등교 후 휴대폰을 제출해야 한다〉 반대팀 반박을 맡은 박경수입니다.
지금부터 찬성팀에서 입안한 내용을 반박해 보겠습니다.
첫째, 수업시간에 더 집중한다 설명자료를 보시면 출처와 조사 대상, 시기가 나와 있지 않아 자료의 신뢰성이 낮은 것 같습니다.
둘째, 교권침해가 줄어든다 설명자료는 일부 학생에 해당됩니다. 일부 학생 때문에 많은 학생들이 휴대폰을 제출하는 것은 억울합니다. 그리고 교권침해는 휴대폰 이외에도 다양한 원인이 있습니다.
셋째, 휴대폰을 제출하면 휴대폰 중독률이 낮아진다는 것은 예상일 뿐 구체적인 사례가 없습니다.
이상으로 반대팀 반박을 마치겠습니다.

아이들은 예상된 반박이 나오면 재반박하고 싶어서 입을 달싹이기도 하고 예상하지 못한 반박이 나올 때는 고개를 젓기도 했습니다.
"찬성, 반대팀 반박 잘 들었습니다. 팀별로 2분 동안 협의한 후 교차질의 시작하겠습니다."

찬성	제출한 휴대폰을 선생님만 아는 장소에 보관해서 열쇠로 잠그면 분실하지 않을 것 같습니다.
반대	선생님이 학생들의 휴대폰 보관에 신경을 써서 불편하실 겁니다. 그리고 하나의 업무라고 생각하실 겁니다. 그리고 휴대폰 제출은 개인의 자유를 침해하는 것입니다.
반대	소수의 학생들이 수업시간에 몰래 휴대폰을 사용하는 것은 잘못이지만 그렇다고 모든 학생들의 휴대폰을 제출한다는 것은 옳지 않습니다. 어떻게 생각하시나요?
찬성	소수 학생들이 휴대폰을 몰래 사용해서 수업을 방해하고 있습니다. 계속해서 그렇게 하면 다른 학생들도 몰래 휴대폰을 사용하고 싶어 할 겁니다. 그러면 수업이 제대로 될까요?
반대	휴대폰 사용으로 교권침해가 줄어든다고 하셨는데 대부분의 교권 침해는 학생들이 말을 듣지 않거나 학부모의 간섭으로 인해 일어나지 않습니까?
찬성	수업시간에 몰폰을 하면서 단톡방이나 SNS에 교사 사진, 동영상을 올려서 교권을 침해하며 이런 경우가 많아지고 있습니다.
찬성	휴대폰을 제출하면 친구들과 대화를 많이 해서 관계가 좋아집니다. 어떻게 생각하시나요?
반대	친구들과 대화를 많이 하는 것은 동의합니다. 그러나 관계가 좋아지지는 않을 것 같습니다. 휴대폰이 없어도 친한 사람들하고만 대화를 많이 할 것 같습니다.

교차질의를 하고 나서 대부분의 아이들은 상대팀에게 할 이야기가 많

앉는데 생각이 나지 않아 제대로 못했다고 아쉬워합니다.

"교차질의에 모두 잘 참여하였습니다. 팀별로 2분 동안 협의한 후 정리를 시작하겠습니다."

"찬성팀 정리를 시작하겠습니다."

> 초등학생은 등교 후 휴대폰을 제출해야 한다 찬성팀 정리를 맡은 차유미입니다. 우리 팀의 주장을 정리하겠습니다.
> 첫째, 휴대폰을 제출하면 수업시간에 더 집중합니다.
> 둘째, 교권침해가 줄어듭니다.
> 셋째, 휴대폰 중독을 예방합니다.
> 성인도 어려워하는 휴대폰 관리를 초등학생이 가능할까요?
> 절제력이 부족한 초등학생은 등교 후 휴대폰을 제출해야 한다고 생각합니다. 우리팀은 세 가지 근거를 들어 찬성하였습니다.
> 이상으로 찬성팀 정리를 마치겠습니다.

"마지막으로 반대팀 정리를 시작하겠습니다."

> 초등학생은 등교 후 휴대폰을 제출해야 한다 반대팀 정리를 맡은 서동철입니다. 우리 팀의 주장을 정리하겠습니다.
> 첫째, 휴대폰이 꼭 필요한 상황에 사용하지 못합니다.
> 둘째, 휴대폰을 분실하면 누구 책임인지 애매합니다.
> 첫째, 휴대폰 제출은 수업에 집중하지 않는 것을 근본적으로 해결할 수 없습니다.

> 휴대폰 때문에 문제가 있는 것은 인정합니다. 그렇다고 해서 휴대폰을 제출한다고 해서 문제가 자연스럽게 해결될까요?
> 우리 팀은 세 가지 근거를 들어 반대하였습니다.
> 이상으로 반대팀 정리를 마치겠습니다.

정리하는 동안 찬성팀은 '초등학생은 미성숙해서 휴대폰 제출해야 한다', 반대팀은 '휴대폰 제출로 문제가 해결될까?' 관점으로 주장을 마무리하는 것이 인상적입니다.

"오늘 어울토론을 하면서 알게 된 점, 느낀 점을 이야기해 볼까요?"
"토론해서 즐거웠어요."
"여러 친구의 의견을 듣는 것이 좋습니다."
"내 생각으로만 하지 않고 자료를 찾아 근거를 제시해 좋았어요."
아이들은 토론에서 가장 중요한 경청을 잘 실천하고 있습니다.
"서로 말이 통하지 않아서 답답했습니다."
아이들은 생각이 다른 의견을 주고 받는 것을 힘들어 합니다.
"답답하면 어떻게 해야 할까요?"
아이들에게 물어보았습니다.
"친구들의 의견에 대해 한 번 더 생각해요."
"맞는 부분은 인정하고 아닌 부분은 논리적으로 이야기 합니다."
아이들은 토론을 하면서 의견이 충돌된다는 것을 자연스럽게 받아들이고 논리적으로 풀어나가려고 합니다.
"교차질의하면서 질문하고 답할 때 바로 생각이 안 나서 아쉬웠어요."
"그럴 때 어떻게 하면 될까요?"

"도와줘야 해요. 우리 팀에서 성기가 도와주어 상대방의 질문에 논리적으로 답할 수 있었어요."

"친구들과 대화하면서 새로운 생각을 하고 협력해서 근거를 세워 좋았어요."

아이들은 소통, 협력하면서 집단지성을 발휘해 어울토론에 참여합니다. 그 과정에서 토론이 어렵지만 즐겁다는 것도 알게 됩니다. 다음에 토론할 때 아이들이 "토론, 그까이꺼"라고 생각하면 좋겠습니다.

어울토론 교수학습안

단계	교수·학습 활동	자료(ㅁ) 및 유의점(※)
도입	**어울토론을 해 봅시다.** ◎ 학습활동 안내하기 〈활동1〉 어울토론 알아보기 〈활동2〉 어울토론 하기	
전개	〈활동1〉 어울토론 알아보기 ◎ 어울토론의 형식에 대해 알아봅시다. ◎ 어울토론의 단계에 대해 알아봅시다. 〈활동2〉 어울토론 하기 ◎ 논제 〈초등학생은 등교 후 휴대폰을 제출해야 한다〉어울토론 해 봅시다. 　　　　찬성(먼저)　　　　반대(나중) 　　　　　　　사전협의 　　　　입안(3분)　　　　입안(3분) 　　　　　　　협의(2분) 　　　　반박(3분)　　　　반박(3분) 　　　　　　　협의(2분) 　　　교차질의(3분)　　교차질의(3분) 　　　　　　　협의(2분) 　　　　정리(2분)　　　　정리(2분) | 찬성	반대 | |---|---| | ·학생들이 수업에 집중할 수 있다. ·교권침해를 방지할 수 있다. ·스마트폰 중독을 예방할 수 있다. | ·휴대폰이 필요한 상황에 쓰기 어렵다. ·분실 시 책임이 명확하지 않다. ·수업 집중에 변화가 없다. |	① 어울토론 PPT ② 토론 활동지, 태블릿PC ※ 토론을 하기 전 충분한 사전협의가 이루어지도록 한다. ※ 단계 및 시간은 상황에 따라 변경할 수 있다. ※교차질의는 찬성팀이 먼저 주도적으로 하고, 이후은 반대팀이 주도적으로 한다. ※ 교차질의를 주도권 구분하지 않고 전체교차질의로 해도 된다.
정리	◎ 〈어울토론〉 소감 나누기	